GÜTERSLOHER
VERLAGSHAUS

tersloher Verlagshaus. Dem Leben vertrauen

Hans Conrad Zander, geboren 1937, ist Journalist und Schriftsteller in Köln. Er war Mönch im Dominikanerorden, Reporter des Stern (Kisch-Preis 1983) und Gastprofessor der Universität Essen. Bekannt geworden ist er durch seine historischen Sendungen in WDR und NDR (»Zeitzeichen«) und als Autor von Sachbüchern und Satiren zur Religionsgeschichte (»Warum waren die Mönche so dick?« 2005; »Kurzgefasste Verteidigung der Heiligen Inquisition« 2007).

HANS CONRAD ZANDER

Antonius für Steuerzahler

Die 14 besten Nothelfer für die moderne Seele

Mit Bildern von Wilhelm Busch

Gütersloher Verlagshaus

Bibliografische Information der Deutschen Nationalbibliothek
Die Deutsche Nationalbibliothek verzeichnet diese Publikation
in der Deutschen Nationalbibliografie; detaillierte bibliografische
Daten sind im Internet über http://dnb.d-nb.de abrufbar.

FSC

Mix
Produktgruppe aus vorbildlich
bewirtschafteten Wäldern,
kontrollierten Herkünften und
Recyclingholz oder -fasern

Zert.-Nr. SGS-COC-004278
www.fsc.org
© 1996 Forest Stewardship Council

Verlagsgruppe Random House FSC-DEU-0100
Das für dieses Buch verwendete FSC-zertifizierte Papier *Munken Pure*
liefert Arctic Paper Munkedals AB, Schweden

1. Auflage
Copyright © 2009 by Gütersloher Verlagshaus, Gütersloh,
in der Verlagsgruppe Random House GmbH, München

Druck und Einband: Těšínská tiskárna, a.s., Česky Těšín
Printed in Czech Republic
ISBN 978-3-579-06889-3

www.gtvh.de

Inhalt

Vorwort

Ein Dax der wahren Lebenshilfe

»Wenn die Not am höchsten, ist die Rettung am nächsten.« So singt Mackie Messer, der Bettlerkönig, in Brechts Dreigroschen-Oper unter dem Galgen in London.

Not lehrt singen!

Viele von uns sind heute in ähnlich prekärer, modern gesagt: mobiler und flexibler Lage wie einst Mackie Messers Bettlertruppe in London. Aber deshalb singen? Singen, bis ein Reitender Bote der Königin im allerletzten Augenblick die Rettung bringt? Das Singen haben wir gründlich verlernt. Und an die Königin von England glaubt auch keiner mehr. Gibt es nicht etwas Besseres als singen?

Not lehrt beten!

In ganz anderer Not als die Engländer des 19. Jahrhunderts waren die Deutschen im 13. und 14. Jahrhundert. Nicht der Kapitalismus suchte sie heim, sondern die Pest. Wahllos raffte der Schwarze Tod auch die Jüngsten, die Stärksten im Land dahin.

Da war kein Deutscher, der nicht niederkniete. Innig flehte der eine zum heiligen Blasius, ein anderer kniete vor dem heiligen Florian, ein dritter machte eine Wallfahrt zum heiligen Veit. Und dann die niederschmetternde Erkenntnis: Der heilige Blasius half wenig, der heilige Veit noch weniger, der heilige Florian richtete, im Gegenteil, nur Schaden an. Die Pest aber wütete noch grimmiger. Was tun in dieser äußersten Not?

Not macht erfinderisch!

Was jetzt den Bayern mitten in der schlimmsten Pest einfiel, darf als eine der stärksten deutschen Erfindungen bezeichnet werden: die »Vierzehn Nothelfer«! Wenn ein einzelner Schutzpatron so gar nicht hilft, dann helfen aber doch mit Sicherheit vierzehn. Alle auf einmal angerufen. Im Verein.

Und sie halfen. Das starke Nothelferpaket aus Deutschland half in Schweden und in Italien, in Ungarn und in Frankreich. Wo immer in Europa eine christliche Seele an Gott und der Menschheit verzweifelte, kamen ihr die Vierzehn Nothelfer, alle auf einmal, als machtvolle Eingreiftruppe kollektiv zu Hilfe.

Aber warum gerade vierzehn? Wäre nicht die Zahl zwölf ein viel stärkeres Symbol?

Das ist eine gute Frage. Zählt man nämlich die Nothelfer aus uralten Kalendern zusammen, so preisen zwar alle hoch und heilig die »Vierzehn

Nothelfer«. In Wirklichkeit sind die vierzehn aber 27. Allerdings nicht immer dieselben.

Jetzt erkennen wir das eigentliche Geheimnis dieses mächtigen deutschen Kultes. Die Vierzehn Nothelfer sind keine unveränderbare Mannschaft wie die Zwölf Apostel. Sie waren vielmehr unseren Vorfahren das, was uns heute der Dax ist. Das ist eine ganz strenge Auswahl der allerbesten deutschen Börsenwerte. Gerade deshalb fault manchmal eine Aktie aus dem Dax regelrecht heraus. Und muss ersetzt werden durch eine neue, stärkere.

Genauso damals an der altdeutschen Nothelferbörse. Womit wir auch schon die Frage beantwortet haben, warum es vierzehn waren und nicht zwölf. Schon für den modernen Börsen-Dax wird jede Aktie, die nicht Triple A ist, sofort zur Belastung. Wieviel mehr ein unsolider Heiliger für die Crew der Nothelfer! Rufen wir aber Vierzehn Nothelfer an, so dürfen wir sicher sein, dass wir uns wenigstens auf zwölf von den vierzehn blind verlassen dürfen. Oder nicht?

Und doch war in diesen altdeutschen Kult, so erfolgreich er in ganz Europa war, von Anfang an ein unverzeihlicher Bock eingebaut. Unter den Vierzehn Nothelfern waren nie mehr als drei Frauen: die heilige Barbara, die heilige Katharina und die heilige Margarete.

Das eigentliche Verhängnis kommt erst noch. 1969 hat Papst Paul VI den Allgemeinen Heiligenkalender erbarmungslos zusammengestrichen. Seine erklärte Absicht war es, alle jene Heiligen, die erwiesenermaßen nicht existiert haben, von den Altären zu stürzen. Unverzeihlich genug, dass er aus eben diesem Grunde den heiligen Christophorus, den Nothelfer aller deutschen Autofahrer, abgeschafft hat.

Da waren's nur noch dreizehn.

Aber viel empörender ist, dass Paul VI auch gleich noch die heiligen Nothelferinnen, alle drei zusammen, abgeschafft hat. Wollte dieser unselige Papst etwa, just in den blühendsten Jahren der Frauenbewegung, der Welt weismachen, dass keinerlei Verlass sei auf Frauen mit Heiligenschein?

Da waren's nur noch zehn. Und keine Barbara mehr, keine Kathrin, keine Margarete mehr.

Dieser törichte päpstliche Kahlschlag hat dem Kult der Vierzehn Nothelfer den Garaus gemacht. Wohl hangen ihre verbleichenden Bilder, noch, von Staffelstein bis Thumsenreuth, über dem einen und anderen deutschen Provinzaltar. Doch das ist nur noch Folklore. Nicht mehr echte Not- und Lebenshilfe. Wer wird schon einen Nothelfer, gar eine Nothelferin anrufen wollen, wenn ihm der Heilige Vater selber versichert, sie habe nie existiert?

Es kam, wie es kommen musste. Während der schöne, einst so kräftige altdeutsche Kult dahinstarb, machte sich an seiner Stelle ein neudeutscher Kult breit, wie er banaler und unseriöser nicht sein könnte. Auf die verwaisten Plätze der vierzehn – oder meinetwegen 27 – altehrwürdigen Nothelferinnen und Nothelfer drängten jetzt Zehntausende von selbsternannten »Lebenshelferinnen« und »Lebenshelfern«. In Buchhandlungen vor allem ist die Abteilung für »Lebenshilfe« angeschwollen ins Unermessliche. Ins Unkontrollierbare. Ins Phantastische. Ganz nutzlos sind sie nicht alle, diese selbsternannten Lebenshelferinnen. Aber so klug wie die heilige Katharina, so seriös wie die heilige Margarete, so schön wie die heilige Barbara ist keine.

Die Zeit ist gekommen, die wüst ausgewucherte NothelferInnen-Szene in diesem Land radikal zu reformieren. Die Stunde hat geschlagen für dieses Buch.

Radikale Reform heißt dreierlei. Zum ersten drastische Reduzierung des abstrusen Gewimmels von Lebenshelfern und Lebenshelferinnen auf die klassischen Vierzehn. Das ist kein Berufsverbot für andere LebenshelferInnen. Doch diese Vierzehn sind der Dax. Es sind die besten. Die stärksten.

Zum zweiten heißt Reform Wiederherstellung der weiblichen Würde. Endlich sind wieder drei Frauen unter den Vierzehn Nothelfern. Drei starke, selbstbewusste, unabschaffbare Frauen. Mit dem Heiligen Geist – siehe das Kapitel über sie – sind es sogar vier.

Zum dritten nehmen wir mutig Abschied von jener allzu engen konfessionellen Tradition, die der Papst doch längst selber ruiniert hat. Die Vierzehn Nothelfer dieses Buches helfen jedem, sei er Christ, Heide oder Katholik. Sogar die Leichtgläubigen und die Ungläubigen bekommen in Voltaire einen kongenialen Nothelfer. Denn es ist keine mittelalterliche Pest mehr, es sind hochmoderne Seuchen, für die diese hocheffizienten Nothelfer zuständig sind: Der heilige Antonius hilft gegen den Terror des Finanzamtes, Turnvater Jahn hilft überforderten Pädagogen bei der Durchsetzung der allerneuesten Disziplin, Kardinal Meisner segnet das Internet, König Ludwig XIV. lehrt den gebeutelten Privatpatienten Haltung bewahren, die heilige Theresia wird eine windige Generation von Vorwärtsparkern aufrütteln zu wahrer Männlichkeit.

Doch ob Softie oder Steuerflüchtling, ob Privatpatient, Pädagoge oder, schlimmer noch, mobiler und flexibler Arbeitnehmer – jedem, der zu diesem Buch greift, wird es gehen wie Mackie Messer unter dem Galgen in London:

»Wenn die Not am höchsten, ist die Rettung am nächsten.«

1. NOTHELFER

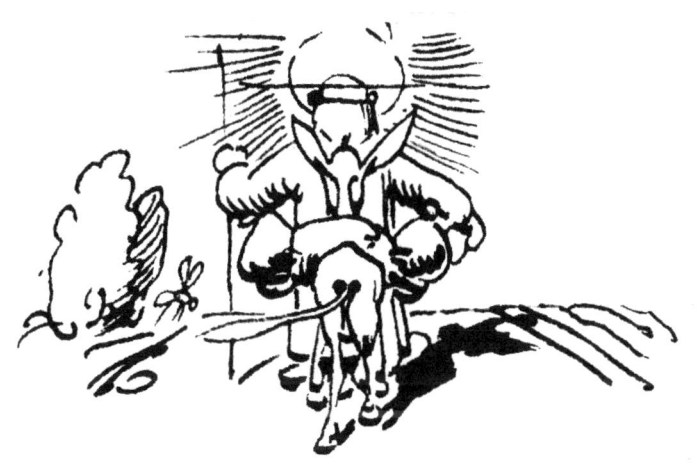

Antonius

*Schutzpatron
der Steuerflüchtlinge*

Warum ist eigentlich der heilige Antonius in die Wüste geflohen? Kaum eine Frage scheint so müßig wie diese. Weiß doch jeder gebildete Christ: Der heilige Antonius ist in die Wüste geflohen, weil er Angst hatte vor den Frauen.

Wer das zu bezweifeln wagt, bekommt prompt den Vorwurf zu hören, er sei wohl noch nie in einem Museum gewesen. Haben doch Hunderte von Malern den heiligen Antonius alle gleich gemalt: wie er als Einsiedler, weit draußen in der Wüste Ägyptens, vergeblich Ruhe vor den Frauen sucht. Gerade dort, wohin kein Weib aus Fleisch und Blut sich je verirren würde, in jener äußersten Einsamkeit, plagen den heiligen Antonius, Tag und Nacht, betörende Trugbilder weiblicher Reize. Ihn plagt die eigene lüsterne Phantasie. O die »Versuchungen des heiligen Antonius«! Von Hieronymus Bosch bis zu Mathias Grünewald, von Salvador Dalí bis zu Max Ernst, sind sie eines der großen klassischen Themen der europäischen Malerei.

Und doch beschleicht gerade den erfahrenen Freund der Schönen Künste angesichts so vieler so schön gemalter »Versuchungen des heiligen Antonius« ein leiser historischer Zweifel. Schließlich war Antonius der Einsiedler ein Ägypter des 3. Jahrhunderts. Die unzähligen Maler, die uns seine erotischen Phantasien vorgemalt haben, sind alle mindestens tausend Jahre später in Europa zur Welt gekommen. Die Gnade der späten Geburt ist aber selten verbunden mit dem Sinn für die historische Wirklichkeit. Überdies leiden Maler vor der Staffelei oft an Langerweile. Dass sie dann selber heimgesucht werden von tausend lüsternen Phantasien, ist nicht weiter schlimm. Dass daraus doch schöne Heiligenbilder werden, ist sogar erfreulich. Aber sagt es auch nur irgendetwas aus über die historische Wirklichkeit?

Für das, was wirklich los war in der Einsiedelei des heiligen Antonius, gibt es einen einzigen zuverlässigen Augenzeugen. Das ist Athanasius von Alexandrien. Dieser hochgebildete Kirchenlehrer war mit dem berühmten Einsiedler persönlich befreundet. »Πολλάκις«, schreibt er, »oftmals« habe er Antonius in seiner Eremitage zwischen Nil und Rotem Meer besucht. Und jedesmal sei er aus dem Staunen nicht mehr herausgekommen.

Einen Einsiedler stellt man sich nämlich einsam vor. Der heilige Antonius aber war in seiner Einsiedelei alles andere als einsam. In Höhlen, Felsspalten, Erdlöchern und Hütten hausten, rings um Antonius, mehrere tausend Jünger. Ausdrücklich gebraucht Athanasius von Alexandrien in seiner Ortsbeschreibung das Wort »πόλις«: Eine regelrechte »Stadt« von Jüngern sei entstanden rund um den heiligen Antonius mitten in der Wüste.

Und dann die zweite Überraschung: Einen Jünger stellt man sich jung vor. Die Jünger des heiligen Antonius aber waren, in der großen Mehrheit, gestandene Männer. Auch bedeutende Männer.

Was aber hatte sie hinausgetrieben in eine Landschaft, die im Alten Ägypten als tödlich galt?

Noch größer war die dritte Überraschung: Diese Männer, die in äußerster Entsagung draußen in der Wüste lebten, hatte sich Athanasius von Alexandrien genau so vorgestellt, wie wir sie uns vorstellen: abgezehrt und tieftraurig. Abgezehrt sahen sie wohl aus, doch zu gleicher Zeit waren sie göttlich guter Laune – »denn«, fährt Athanasius wörtlich fort, »denn da wurde keiner vom Steuereintreiber geplagt«.

»Denn da wurde keiner vom Steuereintreiber geplagt«: Das ist die historische Wirklichkeit. Nicht aus Angst vor Kleopatras ägyptischen Töchtern sind Antonius und seine Jünger in die Wüste geflohen, sondern aus Angst vor der römischen Steuerfahndung.

Im Jahr 284 war in Rom Diokletian Kaiser geworden. Diokletian war nicht nur ein böser Christenverfolger, sondern hatte, schlimmer noch, eine fatale Ähnlichkeit mit unserem Bundesfinanzminister in Berlin. Das Wichtigste im Staat, dachte sich Diokletian, sei ein korrektes Steuerwesen. Tatsächlich gelang es ihm, den römischen Fiskus so effizient zu reorganisieren, dass von Britannien bis nach Ägypten kein einziges Steuerschlupfloch mehr blieb, keine einzige Steueroase.

Es war die totale Besteuerung und es war der wirtschaftliche Ruin des Römischen Reiches. In Gallien zuerst brach ein blutiger Aufstand verzweifelter Steuerzahler los, der die gesamte Provinz verwüstete. Das war der »Bagaudenkrieg«. Gleich danach griffen in der Provinz Africa, das heißt im heutigen Algerien und Tunesien, die bankrotten Bürger zu den Waffen. Das war die »Revolte der Circumcellionen«.

Am schlimmsten war es in Ägypten. Dort trieben die römischen Steuerbeamten die Abgaben nicht selber ein, sondern machten in jedem Dorf die drei oder vier reichsten Bürger mit ihrem Privatvermögen haftbar für die gesamte Steuerschuld ihrer Gemeinde. Nicht etwa die armen Schlucker, vielmehr die reichen Großgrundbesitzer flohen jetzt vor dem drohenden Steuerbankrott zu Tausenden hinaus in die Wüste. Ein solcher reicher Großbauer, berichtet Athanasius von Alexandrien, sei auch der heilige Antonius gewesen. »Dreihundert Aruren Land, fruchtbar und schön anzusehen«, habe Antonius besessen (umgerechnet etwa 80 Hektar), bevor er dem Fiskus in die Wüste entrann.

Unzählige folgten ihm nach und so gilt der heilige Antonius nicht nur als »Patriarch der Eremiten«, sondern auch, zu Recht, als »Vater des westlichen Mönchtums«. Aus seiner Eremitenstadt in der Wüste Ägyptens ist ja das ganze Klosterwesen der katholischen Kirche hervorgegangen. Und eine Ahnung steigt in uns auf: Ist vielleicht das ganze christliche Mönchtum, ja ist vielleicht, historisch-kritisch betrachtet, der ganze katholische Klerus gar nicht aus Angst vor der Frau entstanden, sondern aus Angst vor dem Finanzamt? Werfen wir, vor jedem überstürzten Urteil, einen klärenden Blick nach Rom.

Während Antonius noch immer in der Wüste saß, hatte Konstantin der Große der Christenverfolgung ein Ende gesetzt. Historisch bedeutsam war dabei gar nicht das so genannte Mailänder Edikt von 313, sondern eine Serie von Folge-Erlassen, in denen Konstantin in wahrhaft majestätischer Großzügigkeit den Priestern der Katholischen Kirche etwas gewährte, wovon alle Bürger Roms genau so träumten wie der Ägypter Antonius: völlige Steuerfreiheit.

Plötzlich herrschten mitten in Rom Zustände wie in der Wüste Ägyptens: Die gesamte christliche Elite, dort die Mönche, hier die Priester, alle waren sie auf wunderbare Weise steuerfrei geworden.

Alsbald begann in Rom ein wahrer Oklahoma-Run reicher Familienväter auf die katholische Priesterweihe. Noch gab es ja keine Zölibatspflicht. Nach jüdischem Vorbild vererbten vielmehr die meisten christlichen Priester ihrem Sohn ihr Amt. Gelang es einer reichen römischen familia, ihren pater familias – auf deutsch gesagt ihren Papi – zum Priester weihen zu lassen, so war die ganze Familienbande hinfort steuerfrei.

Das Priestertum Jesu Christi als Steuersparmodell für reiche Papis? Dieser fatalen Entwicklung Einhalt geboten zu haben, ist das Verdienst der heiligen Paula. Diese unerhört mutige Frau aus dem

Geschlecht der Scipionen hatte auf einer Bildungs-
reise nach Ägypten auch die dortigen Einsiedler-
kolonien in der Wüste besucht. Dort war ihr etwas
aufgefallen. Bei aller guten Laune herrschte unter
den Söhnen des heiligen Antonius doch so etwas
wie christlicher Ernst und echte Askese. Die klima-
tischen Bedingungen in der Wüste waren nämlich
so streng, dass es undenkbar war, einen Haushalt
mitzunehmen. Frauen, Bräute, Töchter, Söhne dieser ägyptischen Steuerflüchtlinge hatten zurückblei-
ben müssen in den Dörfern am Nil. Naturnotwendig
lebten Antonius und seine Jünger im Zölibat. Sie
waren »μόναχοι«. Daraus ist unser Wort »Mönch«
geworden. Eigentlich aber heißt das griechische
Wort »μόναχος« ganz einfach »Single«.

Und jetzt die geniale Idee der heiligen Paula:
Warum nicht eben jene Lebensweise, die in der
Wüste Ägyptens naturnotwendig war, in Rom ein-
führen als asketisches Gesetz? Das Single-Dasein
als moralisches Korrektiv gegen Übermut im neuen
klerikalen Steuerparadies? Nach ägyptischem Vorbild und gegen den erbitterten Widerstand der reichen römischen Papis setzte die heilige Paula, diese
wunderbare, tapfere Frau, in Rom den Zölibat
durch.

Manche halten den katholischen Klerus für
eine mittelalterliche Institution. Das ist historischer
Unsinn. Die mittelalterliche Klerusgeschichte ist
nichts als ein mühseliger Versuch von Epigonen,
das doppelte Erbe der Antike zu bewahren: einer-

seits Steuerfreiheit für den Klerus, anderseits, als asketisches Korrektiv dazu, den Zölibat. Der einzige originelle Kopf unter all den mittelalterlichen Bewahrern antiker Kirchenordnung ist Papst Bonifatius VIII. Am 25. Februar 1296, mit der Bulle »Clericis laicos«, verbietet er nicht nur Kaisern und Königen bei Strafe der Exkommunikation, von Priestern oder Mönchen Steuern einzutreiben. Nein, als wahrer Jünger des heiligen Antonius tut dieser großartige Papst den allerletzten Schritt: »Anathema sit« – zu ewiger Höllenstrafe verdammt sei jeder Priester oder Mönch, der sich überhaupt dazu zwingen lässt, dem Staat Steuern zu bezahlen.

Papst Bonifatius VIII war der letzte, der den historischen Durchblick besaß. Nach ihm kamen, wie gesagt, die Maler. Die mit der Gnade der späten Geburt, mit dem geringen Wissen und der blühenden erotischen Phantasie. Ganz zum Schluss kam Karlheinz Deschner. In seinem Buch »Das Kreuz mit der Kirche« schreibt Deschner wörtlich, der heilige Antonius habe in der Wüste ständig »ganze Legionen nackter Frauen« um sich gesehen, und zwar, man höre und staune, nackte Frauen »in jeder Stellung«. Ja ist denn Karlheinz Deschner nicht selber Manns genug, um zu wissen, dass ein einziger Beamter der Steuerfahndung ungleich gefährlicher ist als ganze Legionen nackter Frauen?

Lasset uns beten!

Heiliger Antonius von Ägypten, Patriarch der Eremiten, Mönchsvater des Westens und Schutzpatron der christlichen Steuerflüchtlinge! Aus deinem himmlischen Steuerparadies blick gnädig herab auf uns geplagte Steuerzahler des 21. Jahrhunderts. Erlöse uns von unserem Finanzminister in Berlin. Vor seinem erbarmungslosen Zugriff schütze du die letzten Steueroasen der Christenheit. Schütze Luxemburg und Liechtenstein. Protect Jersey and Guernsey. Segne die Schweiz. Schenke uns, wir bitten dich, schenke nicht nur Priestern und Mönchen, sondern all den verzweifelten christlichen Steuerzahlern einen Papst, der dem Fiskus aufs Neue so furchtlos entgegentritt wie Bonifatius VIII mit seiner großartigen Bulle »Clericis laicos«. Auf dass wir alle dereinst, von irdischer Steuertyrannei erlöst, eingehen zu dir, Antonius, ins himmlische Steuerparadies.

Amen.

2. NOTHELFER

Turnvater Jahn

*Schutzpatron
der Pädagogen*

Was ich schon immer einmal sagen wollte: Die heutige Jugend gefällt mir gar nicht.

Wie einfallslos die schon daherkommen, in ihren spießbürgerlichen netten Designer-Anzügen und in der gepflegten Unauffälligkeit ihrer halblangen Haare. Und mit was für politischen Ansichten die neuerdings wieder daherkommen. Wenn sie wenigstens richtig reaktionär wären. Aber das sind sie ja auch nicht. Weder heiß noch kalt sind sie. Lauwarm kommen sie daher, lauwarm, angepasst und windelweich bis in die Knochen.

Sie kommen übrigens gar nicht daher. Sie sitzen. Nicht mehr die skeptische und nicht mehr die revolutionäre Generation ist das, sondern die sitzende Generation. Ihr innigstes Anliegen ist es, möglichst lang auf Schulbänken herumzusitzen. Und wenn sie nicht in der Schule oder im Hörsaal sitzen, dann sitzen sie zu Hause vor dem Bildschirm. Und wenn sie nicht vor dem Bildschirm herumsitzen, dann sitzen sie mit unendlich gelangweilter Miene irgendwo in der Fußgängerzone herum. Und wenn sie sich abends vom Sitzen auf Stühlen und Bänken erholen wollen, dann setzen sie sich noch eine halbe Stunde in den Joga-Sitz. Womit sich dann das Lebensprinzip des Sitzens noch steigert zu einer richtigen Religion.

Wie ganz anders waren doch unsere Vorfahren, die alten Germanen. Die bedeutendsten Historiker des alten Rom sprechen in Ausdrücken höchster Bewunderung von der körperlichen Tüchtigkeit der Germanen: Laufen, Werfen, Springen, Reiten, Schwimmen, Ringen und Fechten, »das«, schreibt Tacitus, »sind die Spiele der Kinder, das ist der Wetteifer der Jünglinge, und noch als Greise reiten sie«. Und Pomponius Mela: »Die jungen Germanen ertüchtigen ihre Körper durch Gewöhnung an Strapazen.« Und Gajus Julius Cäsar – der große Cäsar! – ruft voller Bewunderung aus: »Von klein auf streben die Germanen nach Übung und Abhärtung. Und diese tägliche Ertüchtigung bewirkt Kraft und Körpergröße.«

Der jüngere Plinius berichtet gar, dass es bei den Germanen gang und gäbe war, große Flüsse wie Rhein und Donau schwimmend zu überqueren. Und Ammianus bezeugt, dass für die Durchquerung des Tigris extra germanische Soldaten ausgewählt wurden, denn diese seien es von frühester Kindheit an gewöhnt, die breitesten Flüsse zu durchschwimmen. Und wiederum Cäsar: »Dank langer Übung haben die Germanen eine solche Schnelligkeit im Dauerlauf, dass sie sogar mit den Pferden im Lauf mitkommen.« Und es waren nicht nur die jungen Männer, die Kraft hatten wie ein Pferd. Auch die jungen Frauen waren ganz anders geartet als unsere neudeutschen Büro- und Schattenpflänzchen. »Bei den Germanen«, schreibt Tacitus, »paart sich der vollkräftige Mann mit dem gesunden Weibe, und die Kinder geben Zeugnis von der Leibesstärke der Eltern.«

Wie konnte ein so bärenstarkes Geschlecht absinken bis zu den Schlotterfiguren der heutigen sitzenden Generation? Im Mittelalter fing es an.

Die absurde Idee, ein Mensch müsse, um etwas zu werden, möglichst intensiv sitzen, verbreitete sich zuerst in den Klosterschulen. Da sitzt jetzt die Elite der Nation und malt Buchstaben: goldene Buchstaben auf kostbarstes Pergament. Im Schnitt einen Buchstaben pro Tag.

Wenigstens aber werden in den meisten Klöstern einige der altgermanischen Spiele noch zur Unterhaltung an Festtagen geduldet, im Kloster St. Gallen etwa das Ballspiel. Wengistens ist das Herumsitzen und Buchstabenschreiben nachts verboten. Noch im 13. Jahrhundert braucht der heilige Thomas von Aquin eine Spezialerlaubnis aus Rom, um nachts lesen und schreiben zu dürfen. Und wenigstens hält der Adel am alten Ideal der körperlichen Tüchtigkeit fest. Um 1400 heißt es im »Ritterspiegel«: »Die ritterliche frôlichkeit / Mit loufin und mit springin / Manig höfisches spel zu wege treid / Mit schizin, werfin und ringin.«

Mit dem Humanismus geht es dann weiter abwärts. Zwar hätten die Humanisten beim Studium der klassischen Antike eigentlich den hohen Wert entdecken müssen, den Griechen und Römer der Gymnastik beimaßen. Sie haben ihn auch entdeckt. Aber es blieb bei der reinen, dünkelhaften Theorie. In ihrer praktischen Existenz waren die großen Humanisten nichts als Bücherwürmer. Und im Unterschied zu den Mönchen des Mittelalters saßen sie jetzt auch nachts beim Kerzenschein in der Studierstube.

Die Folge sind Krankheiten, Krankheiten aller Art. Vom größen Humanisten, von Erasmus von Rotterdam, wissen wir, dass er alle vier Wochen einen großen Schnupfen hatte.

Das Schlimme ist, dass die Lebenseinstellung des Erasmus von Rotterdam in den folgenden zwei Jahrhunderten durch die Schulen zum Allgemeingut wird. Die Gothaische Schulordnung von 1654 verbietet den Kindern »Springen, Laufen, Jagen, Ringen und dergleichen«. In Genf kommen Eltern, deren Kinder beim Herumrennen erwischt wurden, vor Gericht. Die Stadt Basel erlässt 1588 ein »Sittenmandat«, das den Kindern das »unzüchtige Steinschieben« untersagt. Die liebste Beschäftigung der alten Germanen, das Schwimmen, wird überall in Deutschland mit schweren polizeilichen Strafen belegt.

Es ist ein Schweizer, der als erster Schluss gemacht hat mit der unsinnigen Idee, Bildung sei gleichbedeutend mit Sitzen: Johann Heinrich Pestalozzi. In seiner Erziehungsanstalt in Yverdon hat er als erster tägliche intensive Gymnastiübungen eingeführt. Bahnbrechend für die Wiederbesinnung auf die körperliche Tüchtigkeit ist im ganzen deutschen Sprachgebiet Pestalozzis Buch «Wie Gertrud ihre Kinder lehrt«.

Trotzdem ist Johann Heinrich Pestalozzi nur so etwas wie ein Johannes der Täufer der Leibeserziehung. Ein Größerer ist nach ihm gekommen, ein Deutscher: Turnvater Jahn.

Es ist heute üblich, über Turnvater Jahn Witze zu machen. Es wird behauptet, er habe aus lauter Hass gegen die Franzosen die deutsche Jugend zur Wehrhaftigkeit erziehen wollen. Und er selber habe jeden Morgen, gleich nach dem Sprung aus dem Bett, seinen Tag angefangen mit einer Bauchwelle – »zur Ertüchtigung gegen Frankreich«.

Geben wir es zu: Turnvater Jahn war tatsächlich ein bisschen beschränkt. Aber das macht nichts. Zwar muss man alles andere als beschränkt sein, um eine große Idee zu haben. Aber um eine große Idee durchzusetzen, bedarf es sehr wohl einer gewissen Beschränktheit. Ein Mensch, der nicht ein bisschen beschränkt ist, ist gar nicht imstande, sich sein ganzes Leben lang auf eine einzige große Sache zu konzentrieren.

Das aber hat Turnvater Jahn getan. Sein ganzes Leben lang hat er nur dafür gekämpft, die Jugend körperlich wieder so tüchtig zu machen, wie es die alten Germanen waren. 1811, noch mitten in den Napoleonischen Kriegen, eröffnet er den ersten Turnplatz in der Hasenheide in Berlin. Er erfindet überhaupt erst einmal das Wort Turnen. 1816 veröffentlicht er sein bahnbrechendes Werk »Die deutsche Turnkunst«. Minuziös beschreibt er darin Hunderte von Turnübungen, die er zum größten Teil mitsamt den Namen selbst erfunden hat: die Bauchwelle, die Kniewelle, die Sitzwelle, die Purzelwelle, die Kniehangwelle, die Felge, die Bauchfelge, die Kreuzbiege, die Speiche, den Überschwung, den Abschwung, den Unterschwung, das Hüpfen, das Grätschen, das Spreizen, das Kreuzen, das Hurten, das Heben, das Wippen, das Hockwippen, den Jungfernsprung, den gewundenen Jungfernsprung, die Kehre, die Wende, die Schere, die Mühle, den Hocksprung, die Gaffel, die Spreize, die Spille, die Schraube, den Katzensprung, den Froschsprung, den Affensprung, den Kehrschwung, den Hexensprung, den Fechtsprung, den Riesensprung. Dazu alles Nötige über den Turnplatz, den Turnlehrer, die Turnzeit, die Turntracht und, besonders wichtig, die Turngesetze. Wörtlich schreibt Turnvater Jahn:

»Wer wider die Deutsche Sache und Sprache freventlich thut oder verächtlich handelt, mit Worten oder Werken, heimlich wie öffentlich –, der soll erst ermahnt, dann gewarnt, und so er von seinem undeutschen Thun und Treiben nicht ablässet, vor jedermann vom Turnplatz gewiesen werden. Keiner darf zur Turngemeinschaft kommen, der wissentlich Verkehrer der Deutschen Volksthümlichkeit ist, und Ausländerei liebt, lobt, treibt und beschönigt.«

Da geschieht das Unfassliche: 1819 wird der bravste Mann von ganz Deutschland, wird Turnvater Jahn verhaftet. Warum?? Weil die preußische Polizei befindet, Friedrich Ludwig Jahn sei ein »Roter«, ein Linksradikaler.

Was lehrt uns das? Das lehrt uns, dass es in Deutschland offenbar genügt, etwas Ungewohntes zu machen, und sei es eine Bauchwelle, um gleich als Linksradikaler verfolgt zu werden.

Sechs Jahre muss Turnvater Jahn auf seinen Freispruch warten, größtenteils in der Untersuchungshaft. Überall in Deutschland wird das Turnen unter Strafe gestellt, werden die Turnplätze polizeilich geschlossen. Aber wie immer, wenn eine gute Sache in Deutschland unterdrückt wird, setzt sie sich jetzt erst einmal in der deutschen Schweiz durch. Begeistert turnen bis hoch hinauf ins Berner Oberland Tausende von eidgenössischen Söhnen des deutschen Turnvaters.

1825 wird Turnvater Jahn zwar freigesprochen, aber er bekommt, als vermeintlicher Linksradikaler, Berufsverbot, das heißt, in seinem Falle besonders schmerzlich, Turnverbot. In Preußen bleibt das Turnen zwei Jahrzehnte lang überhaupt verboten. Aber Turnvater Jahn turnt heimlich weiter, in ganz Deutschland wird heimlich weitergeturnt, auf abgelegenen Höfen und Wiesen und auf verborgenen Waldlichtungen, heimlich nachts im Mondenschein. Erst am 16. Juni 1860 darf in Coburg das erste allgemeine deutsche Turnfest stattfinden. Es ist, als hätten Turnvater Jahns Ideen gesiegt.

Haben sie gesiegt? – Anderthalb Jahrhunderte nach Coburg sitzt die deutsche Jugend wieder herum, als hätte es die alten Germanen, als hätte es

Turnvater Jahn nie gegeben: lahm und verweich-
licht – »verwelscht« hätte Turnvater Jahn gesagt.

Wahrlich, wahrlich, ich sage euch: Aus dieser
sitzenden Generation wird nichts Rechtes mehr
werden, wenn sie nicht endlich wieder auf die De-
vise hört: Zurück zu den alten Germanen! Zurück
zu Turnvater Jahn!

3. NOTHELFERIN

Lucrezia Borgia

*Schutzpatronin
aller Patchwork-Familien*

So fromm hat wohl nie ein kleines Mädchen gebetet wie im August des Jahres 1492 die kleine Lucrezia Borgia. Neben ihrer Mutter, so berichtet Gregorovius, habe sie gekniet und den Himmel über Rom bestürmt mit der inständigen Bitte:

»Lieber Gott, gib, dass mein Papi Papst wird!«

Waren es die Gebete der kleinen Lucrezia? Oder waren es die Bestechungsgelder, mit denen ihr Vater so hemmungslos um sich warf, dass er sogar den eigenen Palast in Rom versetzt hat, nur um sich im Konklave auch noch die allerletzte Stimme zu verschaffen? Einstimmig ist am 11. August 1492 der spanische Kardinal Rodrigo Borgia zum Papst gewählt worden. Und er gab sich den Namen eines unwiderstehlichen Eroberers: Alexander VI.

Rodrigo Borgia war der Neffe eines anderen Borgia, Papst Kalixt III, eines Spaniers, der sich im Vatikan mit so vielen spanischen Neffen umgeben hatte, dass die staunenden Italiener für seine Herrschaft den Begriff Nepotismus prägten. Nepos heißt Neffe.

Hoch und heilig hatte Rodrigo Borgia im Konklave versprochen, der Neffenwirtschaft seines Onkels ein Ende zu setzen. Das war nicht einmal gelogen. Nicht etwa nur mit irgendwelchen Neffen umgab sich der neue Papst, sondern schon in den ersten Wochen nach seiner Wahl mit den eigenen Kindern. Zur Verwunderung der Römer wurde die Kirche mit einem Mal nicht mehr von einem Heiligen Vater regiert, sondern, recht eigentlich, von einer Heiligen Familie.

Wie viele Kinder hat Papst Alexander VI gehabt? Mit Vorliebe wird die Zahl zwölf genannt. Wie viele es wirklich waren, wusste vielleicht nicht einmal er selber. Dieser spanische Papst war ja ein Fürst der Renaissance. Das aber war eine Zeit, in der die Kinder in allen Gassen Italiens über ihre Fürsten Spottlieder sangen wie zum Beispiel über Niccolo d'Este diesen Refrain:

»Links vom Po, rechts vom Po
Alles Kinder von Niccolo.«

Beschränken wir uns auf die päpstliche Kernfamilie. Lucrezias Mutter hieß Vannozza. Sie als »Lebensgefährtin« des Papstes zu bezeichnen, mag unerträglich modern klingen. Doch genau dies war sie. Auch wenn sich die Leidenschaft Rodrigo Borgias bald anderen Römerinnen zuwandte, blieb Lucrezias Mutter doch des Papstes enge Vertraute. Bei ihr hat er stets Rat gesucht. Unablässig hat sie für ihn gebetet. Er war ja der Vater ihrer Kinder. Und er hat diese Kinder genau so geliebt wie sie.

Ganz vernarrt war der Papst in sein Töchterlein Lucrezia. Kaum war er gewählt, da ließ er zu seiner Rechten am päpstlichen Thron ein kostbar besticktes Kissen auslegen. Damit sich sein Kind jederzeit zu ihm setzen konnte. Wenn in den Jahren danach die jugendliche Lucrezia vor dem Vatikan vorbeigeritten kam, ließ der Papst alles stehen, Geschäfte oder Gesandte, und rannte zum Fenster. In heller Verzückung labte sich der Borgia am Anblick seiner Tochter.

Etwas weniger Freude hatte der Heilige Vater an jenen beiden Söhnen, die ihm Vannozza zuvor geschenkt hatte: Juan und Cesare waren so ungleich wie Kain und Abel. An einem schönen Sommerabend des Jahres 1497, nach einem Familiengelage der Borgia im Weinberg von Sankt Peter ad vincula, verschwand Juan spurlos. Tage danach wurde seine schrecklich entstellte Leiche aus dem Tiber gezogen. Alle wussten, dass sein Bruder Cesare der Mörder war. Doch keiner konnte es beweisen.

Dass Papst Alexander VI den Brudermord ungesühnt ließ, mag dennoch unverständlich scheinen. Doch dies war die Renaissance, eine Zeit, die dem Genie huldigte. Jede Tat, auch die schlimmste, galt als bewundernswert, wenn sie nur perfekt gelungen war. An krimineller Intelligenz aber übertraf Cesare Borgia seinen päpstlichen Vater bei weitem.

Es war im Sommer 1500. Im Alter von 20 Jahren war Lucrezia schon zum dritten Mal verheiratet, nicht um eigenen Gelüsten im raschen Wechsel zu frönen, sondern um dem noch viel schneller wechselnden politischen Ehrgeiz ihres Bruders zu dienen. Nun aber fand Cesare, dass auch ihr dritter Gatte, Don Alonso, seiner italienischen Machtpolitik im Wege stehe.

Am 15. Juli, nachts um elf, wollte Don Alonso zu seiner Gattin Lucrezia in den Vatikan. Auf der Peterstreppe fiel mit gezückten Dolchen eine maskierte Bande über ihn her. Blutüberströmt rettete er sich in Lucrezias Gemach. Ohnmächtig sank sie beim Anblick ihres schwer verwundeten Gatten zu Boden. Ein Kardinal gab ihm die Letzte Ölung.

Doch er genas. Da verlor Cesare die Geduld. Und er ließ die Maske fallen. Am 18. August, noch bei Tageslicht, drang er ins Krankenzimmer seines Schwagers ein, jagte Lucrezia hinaus und ließ ihren Gatten von einem mitgebrachten Schergen erwürgen. Von jenem Tag an unterschrieb Lucrezia ihre Briefe mit »Die Unglückselige«.

Anzunehmen wäre, dass sich jetzt die ganze Christenheit in Mitleid ergangen hätte mit der unglückseligen Witwe im Vatikan. Das Gegenteil war der Fall. Mochte ihr Bruder Cesare als neuer Nero halb Italien in Schrecken versetzen, ungleich schlimmer war Lucrezias eigener Ruf. Hier das schandbarste aller Gerüchte im lateinischen Originalton aus dem Jahr 1501:

»Tandem exposita dona ultima pro illis qui pluries dictas meretrices carnaliter agnoscerent; que fuerunt ibidem in aula publice carnaliter tractate arbitrio presentium, dona distributa victoribus.«

Unter Lucrezias Regie, so heißt es, habe nachts um drei im Vatikan eine Orgie von satanischer Verworfenheit stattgefunden. Lucrezia mit ihrem Vater und ihrem Bruder in einem Bett. 40 Huren waren auch dabei. O die Superorgie der drei Borgia mit den 40 nackten Huren!

Was ist an diesem lateinischen Porno-Thriller besonders wissenswert? Im Grunde nur eines: Es ist kein wahres Wort daran.

Erfunden hat die Legende von der Superorgie der Borgia der päpstliche Zeremonienmeister Johannes Burckard. Das war ein Elsässer und somit, jener Zeit entsprechend, ein glühender deutscher Patriot. Nicht über den Lebenswandel des Papstes war er empört, sondern über seine reichsfeindliche Politik. Ihm schien es hohe Zeit, diesen Papst zu stürzen.

Überdies war der päpstliche Zeremonienmeister eng befreundet mit den Straßburger Inquisitoren. Die waren aus einem andern Grund empört: Der Borgia hatte die Inquisition aus Rom verjagt. Erst recht ein Grund, ihn stürzen zu wollen.

Wie aber stürzt man einen Papst? Seit dem Mittelalter hatten sich in Rom Päpste und Gegenpäpste um den Stuhl Petri gestritten und jeder hatte versucht, den Nebenbuhler zu stürzen durch das Gerücht, jener andere sei nur durch einen Pakt mit dem Teufel Papst geworden.

Wir wissen aber, dass ein Teufelspakt stets mit einer satanischen Orgie gefeiert wird. Und dass er geschlossen wird im verhexten Schoß eines verruchten Weibes. Aus dem »Hexenhammer« wissen wir das, einem grausigen Buch, an dem just zu dieser Zeit die Freunde des päpstlichen Zeremonienmeisters, die Straßburger Hexenverfolger, fleißig schrieben.

Lucrezia die Teufelsbraut. Die Porno-Hexe im Vatikan. Aus der finstersten Ecke der katholischen Kirche stammt diese Legende.

Und die 40 Huren? Die stammen aus Homer. Johannes Burckard, der päpstliche Zeremonienmeister, las gern Homer, und so kam er auf den Gedanken, die Szene mit den vierzig Schweinen in Homers Ilias ein bisschen umzuschreiben.

Es wende keiner ein, der Borgia-Papst habe es nur seinem eigenen Lebenswandel zuzuschreiben, dass die uralte, abgestandene, von Papst zu Gegenpapst endlos weitergedroschene Orgienlegende an ihm und seiner Tochter hängengeblieben ist. Das Gegenteil ist wahr: Nicht an den Lastern dieses Papstes hat das gelegen, sondern an seinen Tugenden. Im besten Sinne war Alexander VI ein liberaler Papst.

Nicht nur die Scheiterhaufen der Inquisition, auch jegliche Zensur hat dieser Papst in Rom verboten. Geistesfreiheit, fand Rodrigo Borgia, müsse sich daran erweisen, dass in Rom jeder alles ungestraft schreiben dürfe, auch die schlimmsten Verlcumdungen über ihn, den Papst selbst. Auch jene rufmörderische Schmähschrift mit der Superorgie der 40 Huren hat er nicht verboten. Er hat sie vielmehr seinen Kardinälen selber vorgelesen. Kopfschüttelnd und lachend. Bis ins hohe Alter blieb ja der Borgia-Papst ein Mann von beinahe unbegreiflich heiterer Laune.

Während der allzu liberale Papst nur lachte, verbreitete sich sein pornographischer Ruhm in unzähligen Pasquillen ungestraft über die Alpen. In den klassischen Romanen des 19. Jahrhunderts, in den Filmen des 20. Jahrhunderts, ja noch in der antiklerikalen Phantasie des 21. Jahrhunderts lebt seine Tochter Lucrezia fort als »babylonische Hure« im Vatikan.

Sie war das Gegenteil. Jedesmal, wenn Papst Alexander Rom verließ, überließ er, aus berechtigtem Misstrauen gegen seinen Sohn Cesare, die Leitung des Kardinalskollegiums seiner Tochter Lucrezia. Eine blühende junge Frau, kaum zwanzig Jahre alt, hat dann, über Monate hinweg, die Katholische Kirche regiert.

Unbedenklich konnte der Papst das tun. Nicht umsonst hat der Maler Pinturicchio Lucrezia Borgia porträtiert als heilige Katharina von Alexandrien. Das war die Patronin der Wissenschaften. Griechisch und Lateinisch konnte Lucrezia, Französisch, Spanisch und Italienisch. Später, als Herzogin von Ferrara, war sie eine vorbildliche Fürstin und Mäzenin der Künste. Die vatikanischen Geschäfte hat sie, an ihres Vaters Stelle, so ausgezeichnet geführt, als wolle die göttliche Vorsehung, mitten in der Renaissance, jene Mutation der Katholischen Kirche proben, die in unserem Jahrhundert gewiss kommen wird: Der Papst wird eine Familie, er wird Söhne haben und Töchter.

Nein, kein dämonischer Skandal war das mit den Borgia, wohl aber ein bedenkenswertes historisches Vorspiel. Es wird doch niemand glauben, dass, wenn der Zölibat fällt, der Vatikan sich in ein deutsches evangelisches Pfarrhaus verwandeln werde. Was wir erleben werden, ist eher eine Art Buckingham-Palast in Rom. Familienherrschaft in der Kirche. Wie damals zur Zeit von Lucrezia Borgia.

Bald wird es wieder so sein. Nicht nur in Rom. In Köln, in Mainz, in München, wo immer demnächst große deutsche Kardinäle, nach der Abschaffung des Zölibats, ein christliches Familienleben führen werden, da werden auch ihre Töchterlein knien und so fromm, so unschuldig den Himmel bestürmen wie einst in Rom die kleine Lucrezia:

»Lieber Gott, gib, dass mein Papi Papst wird!«

4. NOTHELFER

Ignatius von Loyola

Schutzpatron
der Globalisierer

Von neuen Tugenden ist viel die Rede am Unternehmens-Standort Deutschland: von »Flexibilität« und von »Mobilität« der Untergebenen und, für die Vorgesetzten, von »Strategie« und »Vision«. An schönen neuen Wörtern fehlt es uns wahrlich nicht. Wo aber ist ein Mann, der all die neuen Tugenden in Person verkörpert? Hat es ihn je gegeben, diesen Mann?

Ja. Am 22. April 1541 tritt er an die Spitze des ersten modern organisierten Unternehmens der Geschichte. Ignatius von Loyola. Im Alter von 50 Jahren wird der Spanier in Rom erster General der neugegründeten »Gesellschaft Jesu«. Des Jesuitenordens. Der »Compañia de Jesús«. General, das klingt so militärisch wie die Heldentaten des jungen Ignatius bei der Verteidigung der Festung Pamplona. Und doch ist es kein Zufall, dass Pater Bobadilla, sein Vertrauter seit den Pariser Studienjahren, den Charakter des Ordensgründers mit einem Begriff umschreibt, der eher dem modernen Wirtschaftsleben entnommen scheint. Ignatius von Loyola, sagt Bobadilla, war der »padrone assoluto«, der »absolute Chef«.

»Wenn Hochwürden Ignatius einen Befehl erteilt«, schreibt, wohlgemerkt, Ignatius selbst, »so hat jeder sofort zu folgen, als ob er die Stimme des Herrn vernähme, der im Namen seiner göttlichen Majestät befiehlt. Ein jeder muss in diesem Fall so blind und schnell gehorchen, dass er, falls er am Beten ist, das Gebet sofort abbricht, falls am Schreiben, bei der Stimme des Chefs, das heißt: bei der Stimme Gottes, den angefangenen Buchstaben, zum Beispiel a oder b, unvollendet lässt.«

Mobilität. Alles, was die alten Mönchsorden schwerfällig und unbeweglich machte, schafft der neue Chef des neuen Ordens ab: das feierliche Chorgebet, das Ordenskleid, ja das Kloster überhaupt. Statt der benediktinischen Regel der »stabilitas loci«, des beschaulichen Verweilens am Ort, erfindet er ein ganz neues Gelübde, mit dem sich jeder Jesuit verpflichtet, jederzeit an jedem beliebigen Ort der Erde einsatzbereit dem Papst zur Verfügung zu stehen.

»Mobilität« als Religion. Und»Flexibilität«. In aller Munde ist das Wort. Aber was heißt das eigentlich, »Flexibilität«? Ignatius von Loyola hat es als erster unmissverständlich definiert. »In den Händen meines Chefs«, schreibt der absolute Chef, »soll ich sein wie ein weiches Wachskügelchen in den Fingern dessen, der es formt.«

Für jene, die das Bild nicht schnell genug begreifen, fügt er ein zweites hinzu: In den Händen meines Chefs soll ich sein »wie ein Leichnam, der keinen eigenen Willen hat und kein eigenes Gefühl«.

»Kadavergehorsam«: Der Begriff hat viel Empörung ausgelöst. Zu Unrecht. Keiner hat so gut wie Ignatius gewusst, dass erfolgreiches Management den Mitarbeiter aus dem willenlosen Ausführen von Befehlen stufenweise hinaufführen muss in höhere Formen der Motivation. Zu diesem Zweck hat er die erste völlig moderne Methode des Motivationstrainings entwickelt. Das sind die vierwöchigen »Exerzitien«.

Wie ein Nachwuchs-Manager im Psycho-Seminar lernt der Novize in den ignatianischen »Exerzitien« seine Motivationsstruktur in unzählige »Punkte« aufzulösen, jeden dieser »Punkte« zu analysieren, zu kontrollieren und neu auszurichten auf jene Vision, die der heilige Ignatius in der Ordenssatzung 104 mal wiederholt: »Omnia ad majorem Dei gloriam – alles zur höheren Ehre Gottes«.

Heute gilt es als selbstverständliche Voraussetzung des unternehmerischen Erfolgs, dass die Mitarbeiter sich in ihrem ganzen Denken mit der Vision ihres Unternehmens identifizieren, dass also ein VW-Mann die Welt mit VW-Augen sieht, ein Opel-Mann die Welt mit Opel-Augen. Genau das hat Ignatius als erster erkannt und praktiziert, wenn er seinen Jesuiten vorschreibt: »Wir müssen so mit der Katholischen Kirche übereinstimmen, dass, wenn sie etwas für schwarz erklärt, was uns dem ersten Anschein nach weiß erscheint, wir dasselbe schwarz nennen müssen.«

»Gehorsam des Denkens«. Nur durch ihn erreichen wir die höchste Stufe der Motivation. Das ist der »vorauseilende Gehorsam«. So sehr habe ich mich identifiziert mit dem Denken, mit dem Willen meines Chefs, dass er mich hinschicken kann, wo er will, hochmotiviert, flexibel und mobil tue ich ganz von alleine genau das, was der Vision meines Chefs entspricht.

Nicht dass der Jesuitengeneral ein Visionär gewesen wäre wie seine Zeitgenossin, die heilige Theresia von Avila. Während sie den Himmel über Spanien voll von Farben und Figuren sah, wirken seine Ekstasen blass und dürftig. Jesus erscheint ihm zum Beispiel als farblos schimmerndes Stabmännchen, die Göttliche Dreifaltigkeit gar als riesiges Klavier mit nur drei Tasten. Vision im klassischen Sinn ist das nicht.

Es ist moderne Vision. Strategische Vision. Nicht auf das schöne Bild der Gottheit kommt es an, sondern auf das, was die göttliche Erscheinung will. »Mein Wille ist es«, sagt Jesus zu Ignatius, »die gesamte Welt und sämtliche Feinde zu unterwerfen.«

Spanische und portugiesische Kapitäne hatten die ganze Welt geöffnet für die neuen europäischen Handels-Gesellschaften. Genauso sollte jetzt die neugegründete »Gesellschaft Jesu« den neuen grenzenlosen Markt der Welt für Christus erobern. Und Ignatius war Stratege genug, um zu erkennen, dass diese Unterwerfung nicht mehr mit den alten militärischen Mitteln der Kreuzritter zu erfolgen hatte, sondern, neu und modern, mit den Mitteln der Kommunikation.

Allein das Verzeichnis der Briefe, die der Jesuitengeneral seinem Sekretär Polanco in neun Jahren diktierte, also nicht die Briefe selbst, sondern nur ihre Auflistung, umfasst 1.597 Seiten. Wie in einem elektronischen Netzwerk der Kommunikation liefen so sämtliche Informationen, Kontrollen und Entscheidungen des neuen Ordens beim absoluten Chef in Rom zusammen. Er sei seine »Hand«, hat Ignatius über seinen Sekretär Polanco gesagt. Ich würde sagen: Pater Polanco war das Handy des heiligen Ignatius.

Strategie fängt damit an, dass der Chef den eigenen Standort fest im Griff hat. Dafür, sagte der heilige Ignatius zu Pater Manare, gebe es ein untrügliches Zeichen: die Sauberkeit am Standort. Präziser gesagt: die Sauberkeit am Standörtchen. Im römischen Professhaus erließ der absolute Chef strenge Instruktionen nicht nur für die tägliche blitzblanke Reinigung des Klos, sondern auch für die tägliche Kontrolle der Reinigung. So oft als möglich sah er selber nach. Und wehe, wenn der heilige Ignatius die Klotüre oder, was ihn besonders ärgerte, den Klodeckel offen fand. Sofort ließ er den Schuldigen ermitteln und vor aller Augen im Speisesaal auspeitschen.

Noch war das Taschentuch nicht erfunden. Dennoch fand es Ignatius unerträglich, wenn seine Mitarbeiter sich, nach Art der Zeit, auf den Boden schneuzten. An allen möglichen Ecken des römischen Professhauses ließ er deshalb geeignete Näpfe aufstellen, in die er sich selber vorbildlich schneuzte.

Unpolierte oder gar unordentlich in den Zimmern herumliegende Schuhe gab's nicht beim heiligen Ignatius. Als er einmal einen älteren Mitbruder, einen angesehenen Gelehrten, mit aufgelöstem Schuhbändel erwischte, verurteilte er ihn dazu, sein Abendessen vor aller Augen am Katzentischchen kniend einzunehmen.

Besucher aus fernen Ländern pflegten den väterlichen Charme zu rühmen, mit dem der absolute Chef sie in Rom empfing. Seine engsten Mitarbeiter haben von diesem Charme wenig gespürt. In neun Jahren, klagte Polanco, der Sekretär, habe er »kaum jemals ein gutes Wort« gehört. Seinen engsten Vertrauten, Jerónimo Nadal, stauchte er oft so zusammen, dass der Unglückliche sich abends in bittere Tränen auflöste. Nicht besser ging es Pater Laínez, dem späteren zweiten Ordensgeneral. Nach seiner Rückkehr aus Flandern, so schildert es Laínez selbst, sei er vom Chef in Rom immer wieder so hart angefahren worden, dass er schließlich unter schweren Depressionen gelitten und abends oft gebetet habe: »O Gott, was habe ich verbrochen, dass dieser Heilige mich so behandelt?«

Ja, so streng konnte der heilige Ignatius sein. Als er einen jungen, noch studierenden Mitbruder dabei erwischte, wie er einem andern zum Spaß einen Klaps auf den Hintern versetzte und so die »regula tactus« verletzte, das Verbot, sich gegenseitig zu berühren, warf er den Schuldigen fristlos aus der »Gesellschaft Jesu«.

Mit Nörglern und Besserwissern machte der

heilige Ignatius besonders kurzen Prozess. So warf er einmal acht junge Ordensbrüder aus dem Römischen Kolleg, ein anderes Mal zehn, zu Pfingsten 1555, als wär es die Apostelschar, zwölf auf einen Schlag. So ist es gewiss nicht falsch, den heiligen Ignatius auch als Erfinder der »Personalverschlankung« zu verehren, des »Downsizing«, wie deutsche Unternehmer heute sagen.

Neun Gefährten waren es gewesen, die ihm am 22. April 1541 Gehorsam geschworen hatten. Fünfzehn Jahre danach, bei seinem Tod, waren es kaum mehr als tausend. Zum Vergleich: Der Dominikanerorden, lange Zeit die eigentliche Konkurrenz des Jesuitenordens, zählte zu diesem Zeitpunkt etwa 30.000 Mönche. Doch was waren die 30.000 faulen Mönche des heiligen Dominikus gegen die 1000 jungen Jesuiten mit ihrer überlegenen Mobilität und Flexibilität, Vision und Strategie? Als »Fürstenbeichtväter«, zuerst in Lissabon, dann in Madrid, in Paris, in Wien schickten sie sich an, subtil und souverän die Herrscher der Welt zu beherrschen. Und all den deutschen Ketzern, die eben noch ihren Hohn so übermütig ausgegossen hatten über die verwahrloste, verkommene Kirche Roms, saß jetzt, tief in den protestantischen Knochen, der »Jesuitenschreck«.

An der römischen Kurie war die Macht der Jesuiten schon zu Lebzeiten des heiligen Ignatius so groß, dass selbst Papst Paul IV, der Caraffa-Papst, der doch den Spanier von ganzem Herzen hasste, es niemals wagte, ihn anders zu empfangen als mit allen Zeichen höchster Ehrerbietung. Nie musste der »absolute Chef«, wie andere Leute, vor dem Papst knien, nie auch nur unbedeckten Hauptes stehen. Erst als der Jesuitengeneral 1556 starb, wagte Gottes Stellvertreter zu sagen, was er dachte: Ignatius von Loyola, so das Urteil Papst Pauls IV, sei ein »Tyrann« gewesen.

Hier irrt der Papst. Ignatius von Loyola war kein später Nachfahre antiker Tyrannen, sondern ein kühner Vorläufer moderner Unternehmensführung. All die neuen Tugenden, von denen heute bei uns eine Legion von Möchtegern-Ignatiussen redet, der spanische Ordensgründer hat sie, im prophetischen Vorgriff auf die Moderne, als erster umgesetzt in die Tat. Er ist der Heilige der »Flexibilität« und »Mobilität«, der »Vision« und »Strategie«. Und noch in seiner Unerträglichkeit ist er der Archetyp des ganz normalen postmodernen Chefs.

5. NOTHELFERIN

Rosa von Lima

Schutzpatronin
der Blumenkinder

Als die Zeit erfüllet war, kam zu Lima in Peru ein wunderschönes kleines Mädchen zur Welt. Am 20. April 1586 war das, und noch selbigen Tags geschah das erste Wunder. Kaum nämlich war das Kindlein in die Wiege gelegt, da verwandelte sich sein Gesicht in eine prachtvolle, übernatürlich strahlende Rose.

Nun gibt es Menschen, die Sinn haben für das Übernatürliche, andere nicht. Die Eltern, Mutter Maria Olivia und ihr Mann Gaspar, nahmen das Wunder nicht einmal wahr. Und sie gaben dem Mädchen den banalen Namen Isabel. Nur eine weise alte Indianerin, die der Familie treu und selbstlos diente, sie hatte es gesehen, das Rosenwunder von Lima. Und sie nannte das Kindlein Rosa.

Bald sollten die Jahre kommen, in denen ganz Lima nur noch von Rosa sprach. So hinreißend war das Mädchen erblüht. Erblüht zur schönsten Rose von Peru. Die caballeros von Lima, sie alle hatten Augen nur für sie.

Rosa aber hatte anderes im Sinn. Ganz anderes. Jeden Morgen, jeden Abend pilgerte sie, einen Kranz roter Rosen im Haar, zur Kirche Santo Domingo. Vor dem Gnadenbild der Gottesmutter mit dem Jesuskind im Arm kniete sie nieder und betete voll heiliger Andacht den Rosenkranz.

Da geschah das zweite Wunder.

Der Jesusknabe bewegte sich. Er lächelte. Lebhaft streckte er die Arme zu Rosa aus. Und er sprach die historischen Worte, die in den Acta Sanctorum so festgehalten sind: »Rosa Cordis Mei, tu mihi sponsa esto! – Rose Meines Herzens, sei du meine Braut!«

Wie hätte Rosa ahnen können, dass zur selben Stunde hoher Besuch in die armselige Hütte ihrer Familie trat. Es war die reichste Witwe von Lima. Für ihren einzigen Sohn bat sie die Eltern um Rosas Hand.

Mutter Maria Olivia konnte ihr Glück nicht fassen. Elf Kinder hatte sie geboren. Elf Kinder musste sie ernähren. Jetzt war sie alle Sorgen los. Ein Heiratsantrag war das wie aus dem Märchen.

Rosa aber, spät aus der Kirche heimgekehrt, schüttelte sanft den Kopf. Und als ihre Mutter sie entgeistert anstarrte, fügte sie mit leiser, aber fester Stimme hinzu: »Mein Bräutigam ist Jesus.«

Fast immer fällt es Müttern schwer zu verstehen, dass ihre Tochter eine Heilige ist. Mutter Maria Olivia war außer sich. Mit den unflätigsten Schimpfwörtern, so berichten die Acta Sanctorum, fiel sie über Rosa her, sie schlug ihre Tochter, den Rosenkranz riss sie ihr vom Haar. Der Vater, die Geschwister, sie schimpften und schlugen mit. Nur einer hielt zu Rosa: ihr frommer Bruder Hernando. In einem verlassenen Garten baute er für die verstoßene Heilige eine kleine Einsiedelei.

Doch so winzig die Klause war, so weit war der Garten. Unter Rosas wundersamer Hand wandelte sich die Wildnis zum schönsten Rosenhain von ganz Amerika. Auch Margeriten und Nelken hat die Heilige geliebt. Und mittendrin in all der Blütenpracht sie selber, Gottes Rose, Gottes holde Gärtnersfrau.

Es lebte aber zu jener Zeit in der Lasterstadt Amsterdam ein schändlicher Verbrecher. Joris van Spilbergen war sein Name. Seeräuber war er von Beruf, von Gesinnung aber, schlimmer noch, ein fanatischer Ketzer. Einer, der die Heiligen so hasste, dass er in jedem spanischen Hafen, den er überfiel, gar nicht erst die Häuser der Kaufleute plünderte, sondern, als Allererstes, die Heiligen von den Altären stürzte. So einer war der böse Joris.

Als dieser Schurke in einer üblen Spelunke im Hafen von Amsterdam hörte, drüben in Spanisch Amerika sei eine neue Blume der Heiligkeit erblüht, Rosa mit Namen, da brach er in sein höhnischstes Gelächter aus. Lang schon lechze er danach, die reiche Stadt Lima zu plündern. Jetzt gelüste ihn noch mehr, diesem scheinheiligen papistischen Rosenschwindel den Garaus zu machen.

Tatsächlich stach die Anti-Rosa-Flotte schon im Frühjahr 1614 aus Amsterdam in See. Mit 750 blutrünstigen Holländern an Bord. Und es war, als sei kein Gott im Himmel, so günstig bliesen die Winde während der Überfahrt nach Brasilien. So ruhig blieb die See selbst am Kap Horn. So ungestraft plünderte die niederländische Piratenflotte einen chilenischen Pazifikhafen nach dem andern.

Und dann, im August 1614, ein Schrei des Entsetzens, der durch ganz Lima gellte:

»Los Luteranos! Die Protestanten kommen! Die Protestanten!«

Joris van Spilbergen hatte die Anker vor Lima geworfen. Mit Sack und Pack und Esel floh alles in die Berge. Alle? Nein. Eine floh nicht: Rosa. Mit wenigen tapferen Frommen harrte sie in Lima aus. Inständig flehend um die Rettung ihrer Vaterstadt kniete sie vor dem Gnadenbild Marias mit dem Jesusknaben. Da kam die zweite Schreckensmeldung: Joris van Spilbergen sei mit seiner ganzen holländischen Verbrecherhorde an Land gegangen. Um Rosa zu ermorden.

Was Rosa jetzt tat, hatte keiner erwartet. Doch so steht es in den Acta Sanctorum: Die Heilige riss sich die Kleider vom Leibe. Halb nackt warf sie sich vor den Altar. Mochte der grauenhafte Holländer sie schänden, solange er nur das Allerheiligste verschonte: Jesús en el Santísimo Sacramento del Altar.

In diesem Augenblick geschah das Wunder. Das dritte und größte Wunder der heiligen Rosa.

Dass die Holländer schon an Land gegangen seien, war nämlich eine Falschmeldung. Noch stand Joris stolz auf der Kommandobrücke seines Admiralsschiffes »De Zon«. Da, aus dem Nichts, kam ein ungeheurer Orkan an die Küste von Peru gerollt.

Mit unvorstellbarer Gewalt erfasste er die holländische Piratenflotte und schleuderte sie hoch durch die Lüfte in den Pazifik hinaus.

Dass Joris van Spilbergen den Tsunami der heiligen Rosa überlebte, darf als ein weiteres Wunder bezeichnet werden. Doch er war ein gebrochener Mann. In einer wüsten Räuberhöhle in Bergen op Zoom, genannt »Zum Wolf«, hat bald danach der Teufel seine Seele geholt.

Rosa aber stieg, zu Lebzeiten schon, auf zur Glorie des Himmels. Amerikas erste und größte Heilige war sie. Sie war die Retterin des Vaterlandes. Dank ihrem Sieg über Holland ist sie noch heute Patronin der Streitkräfte von Peru und Argentinien, ja sogar von Paraguay.

31 Jahre war sie alt, als, drei Jahre danach, am 24. August 1617, ihre reine Seele auffuhr zum Rosengarten ihres himmlischen Bräutigams. Um die Ehre, den rosengeschmückten Sarkophag zu tragen, wetteiferten die edelsten Spanier der Neuen Welt. Sechsmal musste die Beerdigung verschoben werden, weil begeisterte Pilger, jedesmal, den Sarg stürmten und der Toten alle Gewänder vom Leib rissen, ja sogar eine Zehe. Als wundertätige Reliquie.

Heute ruhen ihre Gebeine in der Krypta des Dominikanerklosters von Lima. Doch nicht zu diesem Sarkophag drängen sich jedes Jahr im August die unabsehbaren Scharen frommer Pilger. Zum »Pozo de Santa Rosa« wollen alle: zum Brunnen der heiligen Rosa. Dort geschehen die Wunder.

Wisset nämlich, dass jene Versuchung, in die so manche Jungfrau gerät, auch der heiligen Rosa nicht erspart geblieben ist. Ihr weiser Bruder Hernando hatte deshalb einen dreifachen eisernen Bußgürtel um ihre jungfräulichen Lenden geschmiedet. Da griff der Teufel zu seiner raffiniertesten List. In der trügerischen Gestalt eines schönen jungen Caballero stieg er aus einem Apfelbaum in Rosas Garten hinab. Frech griff er nach dem Schlüsselchen zu ihrem schmiedeeisernen Lendengürtel.

Rosa aber stieß den Bösen Feind tapfer zurück. Atemlos floh sie bis ans Ende ihres Gartens. Dort warf sie das Schlüsselchen in einen 19 Meter tiefen Brunnen. Nie hat der Teufel es gefunden.

»El Pozo de Santa Rosa«! Da wollen alle Pilger hin. Die weisen alten Indianerinnen aus den Anden genau so wie die flotten jungen Papaboys und Papagirls der Generation Benedict. Und alle, alle werfen ein Brieflein in Rosas Brunnen. Mit ihren Anliegen, ihren Nöten. Oft viele tausend Brieflein an einem Tag.

Unter allen Heiligen des Himmels ist Rosa ja nicht nur die schönste, sondern auch die mächtigste. Der Papst selber hat sie zur Schutzherrin von Nord- und Südamerika ernannt und auch der Philippinen. Sie ist die Nationalheilige von Peru.

Zuvörderst aber ist sie die Patronin der Rosen und der holden Gärtnersfrauen. Welches arme Blumenmädchen aber kann sich den Pilgerjumbo leis ten nach Peru? Welche holde Gärtnersfrau wird im August ihren Rosenhain auch nur einen Tag lang im Stich lassen wollen?

Daran hat der Erzbischof von Lima persönlich gedacht. Du brauchst dich nur vertrauensvoll einzuklicken in die Webseite des Kardinals:

www.arzobispadodelima.org

Schon wirst du, wie an Engelshand, zum Bild des Brunnens der heiligen Rosa geleitet. Und neben dem Bild das neueste Wunder: der »buzón virtual de Santa Rosa«, der elektronische Briefkasten der Heiligen. Nicht gerade der Erzbischof selbst, wohl aber eine besonders vertrauenswürdige Nonne druckt dein Brieflein aus, eilt damit hinüber zum Brunnen der heiligen Rosa und wirft es für dich hinein.

Nachts aber kommen die Engel. Rasch fliegen sie hinab in den Brunnen. Rasch fliegen sie mit all den Bitten der Menschen hinauf in Rosas himmlischen Rosengarten.

Warum weinst du, holde Gärtnersfrau? Hoch im Himmel, die heilige Rosa, sie kennt deinen Kummer, sie teilt dein Herzeleid. Aus ihrem himmlischen Rosengarten streut sie, jeden Morgen neu, abertausend Rosen der Gnade zu uns hinab. Schau hier die schönste aller Rosen! Holde Gärtnersfrau, sie ist für dich!

6. NOTHELFER

Voltaire

*Schutzpatron
aller Leichtgläubigen*

Es war einmal ein Jüngling in Westfalen. Der war von gutem Wuchs und frohen Mutes, doch etwas schlichten Geistes. Von Kindheit an lag ihm das Zweifeln nicht. Er glaubte lieber. Deshalb nannten sie ihn Candide. Das ist ein Spitzname, der zwar nicht sehr westfälisch klingt, der aber sein Wesen perfekt wiedergibt. »Candide« heißt »der Leichtgläubige«.

In seiner Leichtgläubigkeit glaubte Candide, Schloss Thunder-ten-tronckh, auf dem er aufgewachsen war, sei das schönste Schloss der Welt. Denn es hatte eine Türe. Und sogar Fenster! Auch eine Baronin, die 350 Pfund wog und sich deshalb höchsten Ansehens erfreute, gab es auf Schloss Thunder-ten-tronckh, sowie eine fast ebenso gewichtige Schlosserbin namens Kunigunde. Wenn er Kunigunde auf den Fluren des Schlosses begegnete, dann errötete Candide. Wie alle leichtgläubigen Jünglinge glaubte er an die Liebe.

Vor allen Dingen aber glaubte Candide an den lieben Gott. Diesen Glauben hatte er von seinem Lehrer, der Professor Pangloss hieß und der berühmteste Theologe von ganz Westfalen war. In seiner Allmacht, seiner Güte habe Gott, so lernte Candide, alles in der Welt zum Besten bestellt. Gewiss geschehe manchmal Böses. Doch dieses Böse lasse Gott nur zu, damit durch seine wundersame Vorsehung letzten Endes noch mehr Gutes werde. So lehrte Professor Pangloss Candide an die göttliche Vorsehung glauben – natürlich nicht in diesen

schlichten Worten, sondern in höchst anspruchs-
vollen philosophisch-theologischen Begriffen. Wie
hätte Candide da noch zweifeln können. Er glaubte.
Candide glaubte von Herzen gern.

So beginnt der meistgelesene Roman des 18.
Jahrhunderts: »Candide ou l´optimisme – Candide
oder der Glaube an das Gute« von François-Marie
Arouet genannt Voltaire.

Voltaire selber hat über die enormen Auflagen
seines Bestsellers nur gespottet. »An einem Erfolgs-
autor bewundern die Dummen alles«, so beschimpft
er mitten in »Candide« sein eigenes Publikum.
Noch weniger hat Voltaire vom Ruhm der Nachwelt
gehalten. In einem späten Brief an seinen einstigen
Beschirmer, Friedrich II. von Preußen, klagt der
französische Aufklärer, ihm stehe kein anderes
Schicksal bevor als den Kirchenvätern, den großen
Autoren der christlichen Antike: Dem Namen nach
allen bekannt, jedoch von niemandem mehr gele-
sen, werde er schon bald in verstaubten Folianten
in Bibliotheken herumstehen, »von Ratten und
Würmern zernagt«.

Fast hätte er recht behalten. Mehrere monu-
mentale Geschichtswerke, zwei Dutzend Romane
und mehr als 40 Bühnenstücke hat Voltaire geschrieben. In insgesamt 52 Folianten steht jetzt fast
alles, wie von ihm selber prophezeit, in Bibliotheken
herum, »von Ratten und Würmern zernagt«.

Lebendig geblieben ist allein das kleinste seiner großen Werke. Nicht umfangreicher als ein

Groschenroman ist »Candide ou l'optimisme«. Und doch gelingt es Voltaire, in dieser unerhörten Kürze allen Jammer, alles Unglück, alle Bosheit unserer Welt zu verdichten zu einem Abenteuerroman voll ständig sich überschlagenden Überraschungen.

In seiner Leichtgläubigkeit lässt Candide sich mit Kunigunde im Arm hinter einer Gardine überraschen und wird vom Herrn Baron persönlich aus dem Schloss gejagt – mit 20 hundsgemeinen Fußtritten, die allerdings, wie von der göttlichen Vorsehung vorausbestimmt, alle 20 perfekt in Candides Hintern passen. Professor Pangloss, der Prediger der göttlichen Vorsehung, bekommt derweil von einer Kammerzofe die Syphilis. Die hatte sie von einem Franziskaner. Der hatte sie von einer alten Gräfin. Die hatte sie von einem Hauptmann der Kavallerie. Der hatte sie von einer Marquise. Die hatte sie von einem Pagen. Der hatte sie von einem Jesuiten. Und alle hatten sie, der Reihe nach, geglaubt. Die einen an die Liebe, die andern an die göttliche Vorsehung. Die meisten an beides zugleich.

In seiner Leichtgläubigkeit lässt Candide sich jetzt anwerben in die »blaue Uniform« des »Königs von Bulgarien«, das heißt natürlich Friedrichs II. von Preußen. So gerät er in den Siebenjährigen Krieg.

Zitternd steigt der junge Deutsche, mitten in seiner Heimat, über Haufen von Toten und Sterbenden. Über Mütter mit zerschnittenen Kehlen, die im Tod noch ihren Säuglingen die blutüberströmte Brust reichen, über röchelnde junge Frauen, an denen ganze Kompanien ein männliches Bedürfnis befriedigt hatten, bevor sie ihnen den Bauch aufschlitzten. Doch seinen Glauben, Candides Glauben an den lieben Gott, ficht das alles nicht an.

In der Tat lässt die göttliche Vorsehung Candide nach Holland entkommen. Dort trifft er seinen hochverehrten Lehrer Pangloss. Von der Syphilis zerfressen, mit nur noch einem Ohr, einem Auge und halber Nase sitzt der große deutsche Verkünder der göttlichen Vorsehung in der holländischen Gosse. Die beiden machen sich auf nach Portugal.

Dass ihr Schiff alsbald in einem furchtbaren Orkan untergehen wird, war vorauszusehen. Überraschend ist nur, dass Candide und Pangloss ausgerechnet am 1. November 1755 in Lissabon an Land gespült werden – just in time, um das furchtbare Erdbeben zu erleben, das Portugals Hauptstadt in Schutt und Asche legt. Wer könnte schuld an diesem Unglück sein?

Sicher nicht die göttliche Vorsehung, sagen die Väter von der Heiligen Inquisition zu Lissabon und binden, als wahre Schuldige, die beiden schiffbrüchigen Westfalen, die sie für holländische Ketzer halten, auf einen gewaltigen Scheiterhaufen. Damit der Roman kein vorzeitiges Ende finde, entkommt Candide im letzten Augenblick den Flammen. Muslimische Extremisten nehmen ihn alsbald gefangen. Er überlebt als Rudersklave auf einer türkischen

Galeere. Hat er alles verloren? Nein. Bewahrt hat er seinen Glauben. Angekettet auf jener höllischen Galeere, verkündet Candide seinen muslimischen Peinigern, was er einst auf seinem westfälischen Schloss gelernt hat: »Alles steht zum Besten in der besten aller möglichen Welten.«

Das ist ein Satz des deutschen Philosophen Leibniz. Der Franzose Voltaire hatte nämlich, als er »Candide« schrieb, eine deutsche Vergangenheit zu bewältigen. Als Gast in Sanssouci hatte er sich zwei Jahre lang über Friedrich II. so geärgert, dass er ihn jetzt, in »Candide«, als plumpen westfälischen Baron karikierte. Noch mehr geärgert hatte sich Voltaire über einen anderen deutschen Zeitgenossen, den Philosophen Gottfried Leibniz und seine berühmte These zur Theodizee, zur »Gottesrechtfertigung«: dass nämlich der allmächtige Gott das Böse in der Welt nicht schaffe, es aber zulasse, damit es – vergleichbar etwa den dunklen Tönen in einer Symphonie – beitrage zur Vollkommenheit des Gesamtkunstwerks der Schöpfung. Voltaire hat diese These in ihrer professoralen Verstiegenheit als Hohn auf die leidende Menschheit empfunden. Zu Recht. Aber ist der Syphilitiker Pangloss wirklich eine gelungene Karikatur des frommen Familienvaters Leibniz? Hatten Friedrich der Große und sein Schloss Sanssouci auch nur irgendeine Ähnlichkeit mit einem plumpen westfälischen Baron und seiner Burg Thunder-ten-tronckh?

Voltaire hat auch schwache Satiren geschrieben, und wäre »Candide« nichts weiter als eine Satire auf Leibniz und auf Friedrich, so wäre dies die schwächste von allen. Dass dieses Buch trotzdem nicht nur das erfolgreichste, sondern auch das beste Buch des 18. Jahrhunderts werden konnte, hat einen andern, einen ganz persönlichen Grund.

Voltaire ist am 21. November 1694 geboren und seine frommen Eltern haben ihn auf die Namen der beiden größten Heiligen getauft: François-Marie – Franziskus-Maria. Im Collège Louis-le-Grand haben ihm die Pariser Jesuiten eine erstklassige humanistische Bildung geschenkt, dazu den katholischen Glauben an einen allmächtigen und zugleich gütigen, barmherzigen Gott.

Dieser frühe Glaube an den lieben Gott ist dem späten Voltaire in einer Weise zerronnen, die so unphilosophisch, ja so alltäglich ist, dass, wer diesen großen religiösen Spötter verstehen will, sich die übrige Geistesgeschichte der Aufklärung samt Friedrich und Leibniz am besten aus dem Kopf schlägt.

Im Leben wie im Roman: Das erste Schlüsselerlebnis Voltaires war die Syphilis. Der junge Franzose war den Frauen sehr zugetan. Doch ringsum sah er einen seiner Freunde nach dem andern an der Syphilis zugrunde gehen. Vor lauter Todesangst hat Voltaire, schon Mitte 20, der Liebe entsagt. Aber ist das wirklich ein gütiger, ein vorsehender Gott, der dem Menschen den Drang zur Liebe gibt und ihn dabei mit dem Tod bedroht?

Wie im Roman, so im Leben: Voltaires zweites Schlüsselerlebnis war der Krieg. Am meisten erschüttert hat ihn, nach seinem Aufenthalt in Berlin, der Siebenjährige Krieg: »Ich sehe«, klagt er, »Deutschland im Blut schwimmen.« Was ist das für ein Gott, der solche Greuel geschehen lässt?

Wie im Roman, so im Leben: Voltaires drittes Schlüsselerlebnis war das Erdbeben von Lissabon. Besonders empört hat ihn, dass dieses Jahrhundert-Unglück auf allen Kanzeln damit erklärt wurde, Gott habe in Lissabon die Sünden einer Großstadt exemplarisch gerichtet. Was ist das für ein Gott, der Lissabon straft, das ungleich sündigere Paris aber lustig weiter tanzen lässt?

Es stimmt etwas nicht mit dem lieben Gott. Voltaire ist nicht der erste, dem das aufgefallen ist. Schon der alte Hiob hat darüber auf seinem biblischen Misthaufen bittere Klage geführt.

Befreiend neu und anders jedoch ist bei Voltaire der Ton. Er klagt nicht, er betet nicht, er kniet vor allem nicht. Wohl geht es um das gleiche uralte Thema wie im Buch Hiob. Und doch ist »Candide« keine biblische lamentatio über die Gottverlassenheit des Menschen, sondern ein Meisterwerk moderner Ironie. Mit seinem unsterblich frechen Maul, mit gallischem Witz und Galgenhumor befreit Voltaire sich aus dem allzu schönen Glauben seiner allzu frommen Kindheit.

Das ist Aufklärung. Es ist, im Sinne Kants, Befreiung aus »selbstverschuldeter Unmündigkeit«.

Seinen Zeitgenossen hat Voltaire damit so aus der Seele gesprochen, dass »Candide« zum eigentlichen Bekenntnisbuch der Aufklärung werden konnte. Allein die Deutschen haben die westfälische Apokalypse aus der Feder eines Franzosen in über 20 Übersetzungen verschlungen.

Und heute? Es wird bei uns im Christentum so gern zum »Dialog« mit »Andersdenkenden« aufgefordert. Gemeint ist meistens das Gespräch mit Juden, mit Buddhisten, mit Muslimen. Alles sehr erbaulich. Aber im Grunde doch nur Ablenkung von einer viel größeren Herausforderung. Ohne Zahl nämlich sind die Menschen der Moderne, die so denken, so zweifeln, so spotten wie François-Marie Arouet, genannt Voltaire.

7. NOTHELFER

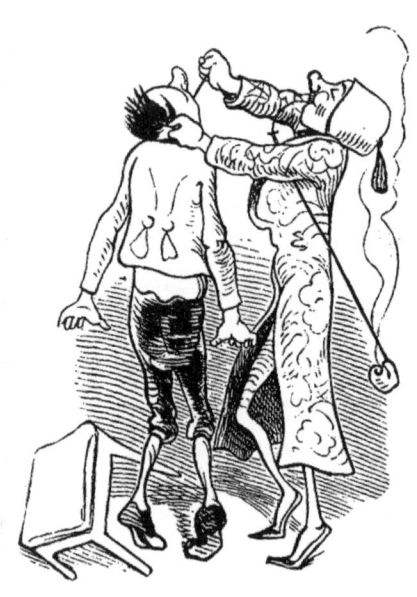

König Ludwig XIV.

*Schutzpatron
der Privatpatienten*

Warum hat König Ludwig XIV. von Frankreich eigentlich so fürchterlich gestunken?

Die Tatsache selber ist allgemein bekannt und wird nicht einmal von den Schulbüchern verschwiegen. Aber man findet dort eine eigentümlich vage Erklärung. Es sei, hat man uns in der Schule gesagt, im 17. Jahrhundert ganz allgemein nicht üblich gewesen, sich zu waschen, und so habe eben nicht einmal der überaus reichliche Gebrauch von Parfüm am Hof des Sonnenkönigs zu Versailles die hygienischen Mängel der Zeit zu überduften vermocht.

Diese Erklärung ist zwar plausibel, aber falsch. Natürlich hat jede Epoche ihren eigenen Gestank, und ein mittelalterlicher Mensch würde wahrscheinlich ohnmächtig, wenn er die chemikalischen Sauberkeits- und Schönheitspräparate röche, nach denen der ganz normale Mensch heute stinkt. Aber wir selber merken das ja nicht. Denn es kennzeichnet den allgemeinen Duft einer Epoche, dass ihn die Zeitgenossen selbst nicht wahrnehmen.

Dass Ludwig XIV. duftete, haben aber selbst die Zeitgenossen wahrgenommen. Zahlreich sind die diskreten Hinweise darauf, was für eine Qual es gewesen sein muss, sich mit dem Sonnenkönig aus der Nähe zu unterhalten oder gar sein Tischgenosse zu sein. Und wenn Madame de Maintenon, seine Mätresse, im Laufe der Jahre immer frömmer wurde und ihrem Louis immer eindringlicher zuredete, er solle doch die religiöse Erbauung den Sünden des Fleisches vorziehen, so hatte das wahrscheinlich höchst weltliche Gründe. Denn ein Kuss des Sonnenkönigs war zwar eine göttliche Ehre, nach der mit Ausnahme von Liselotte von der Pfalz alle Damen des Hofes lechzten. Aber ein Genuss war das nicht und niemand wusste das besser als Madame de Maintenon.

Dank sei deshalb dem französischen Historiker Louis Bertrand, der das historische Rätsel um die besondere Duftnote des großen Bourbonen mit allem gebotenen wissenschaftlichen Ernst geklärt hat. Professor Bertrand hat das getan, was man immer tun sollte, wenn mit dem körperlichen Befinden eines Menschen etwas nicht stimmt: Er hat die Ärzte untersucht. Da sind die Leibärzte des Sonnenkönigs, der docteur Fagon. Jeder von ihnen ist ein Arzt, wie er im Buche steht: ohne jede Kenntnis der menschlichen Realität, aber dafür vollgeblasen mit ärztlichem Standesbewusstsein und mit den medizinischen Weisheiten von Europas renommiertester Universität: der Pariser Sorbonne.

Nehmen wir den Doktor Daquin. In seinen Händen befindet sich der Sonnenkönig während seiner blühendsten Mannesjahre. Im Kopf des Doktor Daquin sitzt das Dogma, es gebe im ganzen menschlichen Körper keinen gefährlicheren Infektionsherd als die Zähne. Und es schließt der Doktor, dass man Zähne allenfalls im Munde eines gewöhnlichen Untertanen belassen könne. Bei Seiner Majestät dem König aber müssten sie allesamt gezogen werden, solange sie noch gesund seien.

Dagegen sträubt sich Ludwig XIV. Aber Daquin wendet jenen psychologischen Trick an, mit dem er jede seiner Ideen bei Ludwig durchzusetzen weiß: Er sagt dem mächtigsten Herrscher Europas, seine Gesundheit sei gleichbedeutend mit seiner Glorie, und drum sei es für seine königliche Glorie nötig, ihm die Zähne allesamt zu ziehen. Am folgenden Tag notiert der Leibarzt in seinem Tagebuch: »Seine Majestät der König hat mir geantwortet, er sei für seine Glorie zu allem bereit, sogar zum Sterben.«

Ludwig XIV. ist nicht gerade gestorben beim großen Zähneziehen in Versailles. Aber der Doktor Daquin geht immerhin so geschickt vor, dass er dem König, zusammen mit den unteren Zähnen, auch gleich den Kiefer zerbricht und ihm, zusammen mit den oberen Zähnen, einen großen Teil des Gaumens herausreißt. Alles, den Lehren der Sorbonne entsprechend, ohne Narkose.

Der königliche Unterkiefer wächst nach einer Weile wieder zusammen, aber der herausgerissene Gaumen ist natürlich nicht wieder zu ersetzen. Den Doktor Daquin schert das nicht. Einen Monat später notiert er in seinem Tagebuch: »Zum Zweck der Desinfektion habe ich Seiner Majestät das Loch im Gaumen vierzehnmal mit einem glühenden Eisenstab ausgebrannt.«

Fortan erleben die Tischgenossen Seiner Majestät täglich das Spektakel, dass dem großen Bourbonen, wenn er trinkt, das halbe Glas Wein gleich wieder zur Nase heraussprudelt. Schlimmer noch: In der offenen Tropfsteinhöhle, mit der sich der Mund des Königs zur Nase öffnet, setzen sich ständig größere Brocken fester Nahrung auf so komplizierte Weise fest, dass sie sich erst nach Wochen auflösen. Durch die Nase.

Durch seinen zahnlosen Mund schlingt der Sonnenkönig riesige Mengen Nahrung unzerkaut hinunter. Nichts hat ihm die Bewunderung seiner Zeitgenossen in solchem Maße eingetragen wie sein ungeheurer Appetit. Denn der Appetit des Königs gilt im 17. Jahrhundert als ein Zeichen des göttlichen Segens für das gesamte Königreich. Aber Louis isst nicht, weil ihm der Himmel gewogen ist. Er isst, weil er lebenslänglich an Bandwurm leidet. Das steht heute zweifelsfrei fest, weil es zu den Aufgaben seiner Leibärzte gehörte, täglich einen detaillierten Bericht über die Exkremente Seiner Majestät zu erstellen.

So isst denn Louis mit maßlosem Appetit, ohne jemals satt zu werden. Zum Mittagessen lässt er sich in einer einzigen riesigen Schüssel Enten, Hasen, Fasanen, Lerchen, Perl-, Trut- und Rebhühner servieren, das Ganze zehn bis zwölf Stunden lang in derselben Sauce zerkocht. Denn der zahnlose König kann ja nicht mehr kauen. So suchen ihn, den ganzen Nachmittag über, fürchterliche Verdauungsstörungen heim. Kein Wort kommt in den ärztlichen Tagebüchern häufiger vor als das

Wort »vapeur«. Gemeint sind Blähungen aller Art. Dabei bleibt es aber nicht. Doktor Daquin notiert: »Seine Majestät hat heute wieder erbrochen, und zwar zur Hauptsache völlig unzerkaute und unverdaute Materien, darunter eine große Menge unverdauter Trüffel.«

Das macht dem Arzt aber keine große Sorge. Denn das Dogma der Sorbonne lehrt, dass der Darm viel wichtiger sei als der Magen und dass nur ein entleerter Darm ein gesunder Darm sei. So verschreiben denn die Ärzte des 17. Jahrhunderts gegen alle Krankheiten des Leibes und der Seele am laufenden Bande Abführmittel, etwa so wie heute Ärzte Beruhigungstabletten. Zum Glück kann sich der gewöhnliche Untertan in Frankreich und Navarra einen Besuch beim Arzt nur selten leisten. Anders der König. Für die Gesundheit Seiner Majestät, darüber sind sich die Leibärzte einig, sind nur die besten und stärksten Abführmittel gut genug, und zwar täglich eingenommen. Täglich muss Louis also seinen »bouillon purgatif« schlürfen, einen Sud aus Schlangenpulver, Pferdemist und Weihrauch. Erstaunlicherweise tut das schreckliche Gesöff durchaus seine schreckliche Wirkung. Und da es zu den vornehmsten Pflichten der Leibärzte gehört, täglich zu notieren, wie oft Seine Majestät muss, so wissen wir, dass Ludwig der Große täglich so zwischen vierzehn- und achtzehnmal dort sitzt, wohin selbst der König zu Fuß geht. Wohlgemerkt: Der König geht. Es ist vollkommen undenkbar, dass

Seine Majestät durch Versailles läuft. So ist es denn keineswegs seine persönliche Schuld, wohl aber eine hinreichende Erklärung für seine persönliche Duftnote, dass er häufig zu spät kommt.

Im Jahre 1686 endlich bäumt sich das königliche Gedärm gegen die jahrzehntelange medizinische Misshandlung auf. Zuerst mehren sich in den ärztlichen Tagebüchern Sätze wie: »Seine Majestät hat heute wieder Blut gestuhlt.« Dann bildet sich am Hintern Seiner Majestät ein faustgroßes Geschwür. Während die Ärzte hin und her raten, sitzt der Sonnenkönig mit derart versteinertem Gesicht auf seinem Thron, beziehungsweise auf seinem Geschwür, dass sich in ganz Europa das Gerücht verbreitet, der König von Frankreich liege im Sterben. Jetzt ergeht der Befehl an alle Beamten des Reiches, alle jene Untertanen ausfindig zu machen, die ein ähnliches Geschwür haben wie der König, und sie unverzüglich nach Paris zu bringen, zur Verfügung von Professor Félix.

Über einen Monat lang hat Sorbonne-Professor Félix, eine chirurgische Kapazität, diesen bedauernswerten menschlichen Meerschweinchen den Hintern kreuz und quer aufgeschnitten und wieder zugenäht, um medizinische Erfahrungen zu sammeln für das unglaublich wertvollere Gesäß Seiner Majestät. Er macht das so gründlich, dass die Versuchspersonen gleich reihenweise auf den Friedhof gekarrt werden. Ludwigs Schmerzen aber sind inzwischen unerträglich geworden. Am 17. November erteilt er den Befehl, ihn, koste es, was es wolle, am folgenden Morgen zu operieren. Mit Rücksicht auf das königliche Prestige findet die Operation im kleinsten Kreise statt. Ludwig lehnt jede überflüssige Hilfe ab und legt sich selber bäuchlings auf den Schragen. Seine Mätresse, Madame de Maintenon, betet ihm laut vor: »O Herr, in deine Hände befehle ich meinen Geist.« Dann saust das langgewetzte Messer von Professor Félix zehnmal nieder.

Es ist wohl eher den Gebeten von Madame de Maintenon als der Kunst von Professor Félix zuzuschreiben, dass die Operation gelingt. Aber alles, wirklich alles, was über den Hof von Versailles zu sagen ist, liegt in einer Notiz beschlossen, die jetzt im ärztlichen Tagebuch von Professor Félix folgt. Der Chirurg berichtet, dass sich in den Tagen nach der Operation mehr als dreißig Höflinge bei ihm gemeldet haben, mit dem dringenden Ersuchen, sie doch, bitte, bitte, an der gleichen Stelle zu operieren wie Seine Majestät. »Ich habe«, schreibt Professor Félix, »jeden der Herren eingehend am betreffenden Körperteil untersucht, habe aber nichts gefunden, was einen chirurgischen Eingriff rechtfertigen würde. Als ich ihnen diese Diagnose mitteilte, war keiner unter ihnen, der nicht tief enttäuscht, ja beleidigt gewesen wäre.«

Derweil leidet Louis Schmerzen wie ein Pferd. Die Operation hat natürlich ohne Narkose stattgefunden. Gleich danach hat man ihn auch noch zur

Ader gelassen. Anschließend drückt man ihn auf den Betschemel der Hofkirche für eine große Danksagungsmesse. Um seine Genesung zu demonstrieren, hat er sein Mittagessen vor dreißig Personen einzunehmen. Am Nachmittag muss er auf seinem blutig zerschnittenen Hintern zwei Stunden lang dem Großen Rat des Königsreichs vorsitzen. Denn selbst wenn der König vom Operationstisch kommt, ist es unmöglich, irgend etwas am pompösen Tagesablauf in Versailles zu ändern. Bleibt die Frage, wie Louis XIV. das grauenhafte Martyrium, das ihm seine Ärzte zugefügt haben, durch siebenundsiebzig Jahre seines Lebens überhaupt aushalten konnte. Zwei Dinge kommen da zusammen. Einmal die unerhört robuste Konstitution des Königs. Kaum ist er am 5. September 1638 geboren, da schreibt schon der schwedische Gesandte nach Stockholm, der Säugling sei so außerordentlich kräftig, dass drei Stillmütter kaum mit ihm fertig würden, und die Welt möge sich hüten vor einem Thronfolger, der schon in den Windeln so unerhörte Energien entwickle. Diese Energien sind es, die siebenundsiebzig Jahre lang der Kunst der Ärzte getrotzt haben.

Das zweite aber ist die Mentalität Ludwigs XIV. Von der französischen Historikerin Madeleine Jacquemaire stammt das Wort, mit Ludwig XIV. habe zweiundsiebzig Jahre lang auf dem französischen Thron kein Franzose, sondern ein Spanier gesessen. Auf jeden Fall hat Ludwig XIV. seinen französischen Vater, Ludwig XIII., Zeit seines Lebens so maßlos verachtet, dass es verboten war, in seiner Gegenwart von seinem Vater auch nur zu sprechen. Maßlos verehrt hat er dagegen seine spanische Mutter: Anna von Österreich. Ihrem Vorbild hat er ein Leben lang nachgeeifert, in seinem absolutistischen politischen Ehrgeiz ebenso wie in seiner persönlichen Lebensauffassung.

Nie ist dem Sohn der Spanierin auch nur ein einziges Wort der Klage über die Lippen gekommen. Noch die schlimmsten Torturen, die ihm seine Ärzte zufügten, hat er mit der heroischen Unfühlsamkeit eines Spaniers wortlos ertragen. Und majestätisch wie ein spanischer Grande ist er durch Versailles stolziert: den Bauch von Blähungen gepeinigt, die Hosen voll, die verstopfte Nase aber so verächtlich über die ganze Menschheit hochgezogen, als wolle er noch in seiner peinlichsten Schwäche die Welt beschämen mit einem souveränen:

»L'odeur c'est moi!«

8. NOTHELFER

Giovanni Boccaccio

*Schutzpatron
der Schwindler*

Was ist eigentlich schöner, was ist lustiger: Geschichten von der Liebe oder Geschichten von der Religion?

Wir sind im Jahr 1348. In Florenz wütet die Große Pest. Da suchen sieben leichte Mädchen und drei lustige Knaben Zuflucht in einem paradiesischen Landhaus draußen in der Toskana. Während der Schwarze Tod schauderhaft um die Idylle schleicht, erzählen die zehn, einander zum Trost, die schönsten Geschichten, die sie kennen. Hundert lustige Geschichten in zehn Tagen. Geschichten von der Liebe, Geschichten von der Religion.

So beginnt das Meisterwerk italienischer Ironie, das »Decamerone« von Giovanni Boccaccio. Und je heiterer die galante Unterhaltung in der toskanischen Gartenlaube voranschreitet, desto schwerer fällt die Antwort auf die Frage, was denn nun schöner sei: die Liebe oder die Religion.

Vielleicht doch die Religion. So jedenfalls kündigt es Boccaccio am sechsten Abend an: »Vezzose donne ...«

Anmutige Frauen, höret die schönste der Geschichten! Als der Engel Gabriel durch das offene Fensterlein hereingeflogen kam in die Kammer zu Nazareth, wo Maria im Gebet versunken kniete, da löste sich aus seinem himmlischen Gefieder eine sanfte bunte Feder. So schwerelos schwebte sie durch den Raum, dass die Jungfrau in ihrem Schoß nichts ahnte, nichts spürte. Und sie empfing vom Heiligen Geist.

Boccaccio selber hat die Geschichte von der Feder des Engels Gabriel so geliebt, dass er sie in seine eigene Heimatstadt verlegt. Das ist Certaldo, ein Burgflecken in der Toskana. Boccaccio ist dort am 16. Juni 1313 geboren, dort auch wird er am 21. Dezember 1375 sterben. Doch beliebter, viel beliebter als der Spötter Boccaccio scheint bei den Bürgerinnen und den Bürgern von Certaldo ein anderer gewesen zu sein: Pater Cipolla, ein frommer Mönch vom Orden des heiligen Antonius. Jedem – und jeder – in Certaldo war dieser Cipolla Kumpel, Gevatter und Patron. Könnt ihr euch vorstellen, wie groß die Bestürzung war, als der leutselige Pater plötzlich verschwand, wie groß dann aber auch die Freude, als er unversehens wiederkam? Wo hatte Pater Cipolla nur die ganze Zeit gesteckt?

»Wusstet ihr es nicht? Ich habe eine Wallfahrt gemacht. Ja, eine Wallfahrt, bis nach Jerusalem und weit darüber hinaus. So kam ich bis nach Lügien, nach Trügien, nach Erfindien, ja bis in die Äußere Mogelei. Und von dieser Pilgerfahrt habe ich euch, geliebte Christinnen und Christen von Certaldo, eine wunderbare Schatulle heimgebracht. Mit einer Reliquie so kostbar, wie sie noch keiner zu Gesicht bekommen hat. Morgen Nachmittag um drei, wann ihr die Glocken werdet läuten hören, will ich sie von der Kanzel von Certaldo herab euch allen zeigen: die wundertätige Feder, die der Engel Gabriel bei der Verkündigung in Nazareth verlor.«

Es saßen aber, als Pater Cipolla diese fromme Sensation ankündigte, unter all dem andächtigen Volk zwei durchtriebene Spitzbuben. Giovanni hieß der eine, Biagio der andere. »An sich«, sagte Giovanni zu Biagio, »habe ich nichts gegen Schwindler.« »Ich auch nicht«, antwortete Biagio, »aber dieser Cipolla da oben auf der Kanzel, der übertreibt's.« »Dem werden wir's zeigen«, flüsterte Giovanni. »Den werden wir«, grinste Biagio, »vor ganz Certaldo blamieren.«

Auf Zehenspitzen haben sich die beiden Spitzbuben in Pater Cipollas Kammer geschlichen. Behutsam öffneten sie die wundersame Schatulle: Siehe da, im seidenen Futter lag vor ihren verblüfften Augen eine wunderschöne Papageienfeder. Während sich Giovanni die Feder unters Wams steckte, sprang Biagio rasch zum Kessel am Kamin, griff sich dort drei schwarze Kohlen und legte sie, anstelle der Feder, in das Reliquienkästlein. Dann nahmen die beiden Spitzbuben grinsend Reißaus.

O wie die Glocken alle läuteten, o wie die halbe Toskana zur Kirche von Certaldo strömte, als Pater Cipolla am Nachmittag danach mit seiner Reliquienschatulle empor zur Kanzel stieg. Innig sprach er ein Gebet zum Erzengel Gabriel. Dazu dann noch das große Sündenbekenntnis: »Confiteor Deo omnipotenti ...«. Die Spannung in der Kirche war kaum noch zu ertragen. Gleich wird er sie zeigen! Die wundertätige Feder des Engels Gabriel!

Demütig nahm Pater Cipolla seine Kapuze ab. Unter den gebannten Blicken der gläubigen Menge öffnete er feierlich seine Schatulle.

Ein Raunen der Entgeisterung ging durch das überfüllte Gotteshaus. Was, das sollte die Feder des Engels Gabriel sein, diese drei hässlichen Brocken Kohle?

Einer nur war in der ganzen Kirche von Certaldo, ein einziger, der in diesem Augenblick die Fassung nicht verlor. Pater Cipolla selbst. Andächtig die Augen zum Himmel richtend, hob er, aus dem Stegreif, an zu der schönsten, zu der spannendsten Predigt, die die Bürgerinnen und Bürger von Certaldo jemals zu hören bekommen hatten. Nasen, Augen, Ohren sperrten sie auf, als er jetzt alles haarklein berichtete von seiner wunderbaren Wallfahrt nach Lügien und Trügien, alles über die noch viel wunderbareren Reliquien, die er heimgebracht habe aus Erfindien und aus der Äußeren Mogelei: nicht nur die wundertätige Feder des Erzengels Gabriel, nein, auch das berühmte Fläschlein mit dem Schweiß, den der Erzengel Michael vergossen hat, als er mit dem Satan kämpfte. Ferner eine Ampulle mit echtem Glockenklang vom Tempel Salomos sowie – kostbar über alles – diese drei wunderbaren Kohlen hier. Die berühmten Kohlen vom Rost, auf dem der heilige Laurentius geröstet worden ist. Wer sich heute und hier von ihm mit diesen wunderbaren Kohlen ein Kreuz auf den Kopf malen lasse, der sei gegen alle Plagen, von denen er noch gar nichts ahne, wunderbar gefeit. Brauche ich lange zu berichten, wie sich die ganze Toskana zu den wundertätigen Kohlen von Pater Cipolla drängte? Und wie niemand vor ihm so demütig kniete wie Giovanni und Biagio, die beiden Spitzbuben von Certaldo?

Das ist die wunderbare Wundergeschichte aus seiner Heimatstadt Certaldo, die Giovanni Boccaccio im Decamerone erzählt. Warum ist sie eine der schönsten Geschichten der italienischen Literatur?

Drei große, alle andern weit überragende Dichter hat Italien hervorgebracht. Dante ist der bahnbrechende Schöpfer, Petrarca ist der formvollendete Poet, Boccaccio aber ist Italiens großer Spötter. Genial hat er über die Liebe gespottet. Und noch genialer über die Religion.

Dabei ist Spott über die Religion an sich nichts Geniales. Im Gegenteil: Seit Jahrtausenden ist dies das endlos abgeleierte Dacapo-Thema der europäischen Literatur. Wie hat doch der griechische Komödiendichter Aristophanes im heidnischen Athen schon über die olympischen Götter gespottet. Plautus hat ihm auf römischen Bühnen nachgespottet. Und genauso, gar nicht anders, haben sich in der Moderne ein Voltaire, ein Heine über das Christentum lustig gemacht. Und alle, alle haben sie, durch die Jahrtausende, gelacht nach einem einzigen, ewig gleichen Muster.

Religion hat nämlich mit der Liebe etwas gemein: Da werden die größten Wunder verheißen, erhofft. Sehr viel weniger wunderbar ist dann die Wirklichkeit. In der Liebe wie in der Religion. Diesen klaffenden Unterschied zwischen Verheißung und Erfüllung, zwischen Anspruch und Wirklichkeit nennt Sigmund Freud die »komische Differenz«. Sie ist in der Religion am größten. Weil dort der Anspruch am höchsten ist und somit der Absturz in die Wirklichkeit besonders tief. Besonders spektakulär. Besonders komisch.

So hat Aristophanes über Zeus gespottet. Als olympischer Gottvater, als Schutzpatron der griechischen Familie lässt er sich verehren. Und was tut er in Wirklichkeit? Mit den lumpigsten Tricks jagt Zeus einem liederlichen Liebesabenteuer nach dem andern nach.

Nach demselben Muster wird Jahrtausende danach Voltaire in seinem Roman »Candide« über den christlichen Glauben an die Vorsehung und an die Liebe spotten. Candide ist ein junger deutscher Soldat, der besonders naiv glaubt. Vor lauter Glauben an die Vorsehung und an die Liebe bekommt Candide die Syphilis. Zum Schluss sitzt er auf dem Scheiterhaufen der portugiesischen Inquisition. Über nichts hat das 18. Jahrhundert mehr gelacht als über diesen Roman Voltaires.

So geht das zu bei uns seit zweieinhalb Jahrtausenden: Ein Satiriker nach dem andern steigt auf die literarische Bühne, macht sein Witzlein über die komische Differenz in der Religion. Und Europa lacht.

Zweieinhalb Jahrtausende, das ist ein bisschen lang. Langsam wird es ein bisschen langweilig. Wird er nicht langsam todlangweilig, der europäische Spott über die Religion?

Nein. Denn da ist einer, der es besser macht. Ungleich besser als alle macht es Giovanni Boccaccio im Decamerone.

Dabei fängt die Geschichte erschreckend banal an: Auf die Kanzel von Certaldo steigt ein Reliquienschwindler. Alle wissen wir von vornherein: Gleich wird der Schwindler entlarvt. Gleich müssen wir lachen. Lachen wie gewohnt über die Komik der Religion.

Und dann ein literarischer, ja theologischer Purzelbaum. Im Augenblick, da Pater Cipolla sein Reliquienkästlein öffnet, wandelt sich die sicher erwartete Blamage zum unerwarteten Triumph. So genial zieht Pater Cipolla seinen frommen Fuß aus der todsicheren Schlinge, dass die Bürgerinnen und Bürger von Certaldo mit offenen Mündern staunen. Und nicht nur sie. Boccaccio selber bewundert Pater Cipolla. Wir, seine Leser, noch mehr. Den genialen Reliquienschwindler aus Certaldo, wir mögen ihn. Wir schließen ihn ins Herz.

»Humor ist, wenn man trotzdem lacht.« Doch diese Definition ist falsch. Spott ist, wenn man trotzdem lacht. Spott lacht ja auf Kosten seines Opfers. Humor dagegen macht einen Qualitäts-Sprung über den Spott hinaus. Humor lacht im augenzwinkernden Einverständnis mit dem Opfer. Humor ist, wenn man trotzdem liebt. Und siehe, hier ist mehr als Humor. Hier ist ein Meisterstück italienischer Schelmerei.

Gott, glauben viele, sei ein Gott der Wahrheitsapostel. Doch Wahrheitsapostel sind langweilig. Gott aber ist kein Gott der Langenweile. Drum ist er auch ein Gott der Schelme, der Fabulierer und der Komödianten. Aus nichts hat Gott die Welt erschaffen, im freien Spiel der Phantasie. Was sollte nicht, genauso wie Boccaccio, Gott selber ein augenzwinkerndes Gefallen haben an Pater Cipollas virtuoser Schelmerei?

Absichtsvoll hat Giovanni Boccaccio im Decamerone Liebe und Religion ineinandergeflochten. Glaubt etwa einer, es sei in der Liebe anders als in der Religion? Glaubt einer wirklich, die Liebe werde schön durch Wahrheitspredigten? Schön wird sie erst durch wunderschöne Schelmereien. Schön wird die Liebe durch wunderschöne Phantasien aus Lügien und Trügien, aus Erfindien und aus der Äußeren Mogelei.

So, anmutige Frauen, ist es in der Liebe! Und wie in der Liebe, so in der Religion.

9. NOTHELFERIN

Theresia von Avila

*Schutzpatronin
der Männlichkeit*

Ganz Avila ist außer sich: »Diese Frau spinnt!«

Avila ist eine kleine spanische Stadt westlich von Madrid. Die Frau, der die Aufregung gilt, ist eine Nonne aus dem Karmelitinnenkloster »De la Encarnación – Zur Menschwerdung«. Sie heißt Theresia – Doña Teresa de Ahumada. 1562, im Alter von 47 Jahren, stürzt sie Avila in den Skandal.

Unter dem Vorwand, sie müsse ihrer verheirateten Schwester Juana beim Umzug helfen, entweicht Theresia im ersten Schein der Morgendämmerung aus dem Kloster »Zur Menschwerdung«. Am andern Ende der Stadt trifft sie sich mit vier jungen Nonnen. Gemeinsam besetzen sie ein ärmliches Haus, an dessen Instandsetzung sie seit Wochen heimlich gearbeitet haben. Dann sehen die fünf Frauen einander an. Sie wissen, was ihnen bevorsteht. Beherzt zieht Theresia am Strick.

Die Glocke – aus zweiter Hand billig gekauft – hat einen Sprung. Das grässliche Gebimmel jagt ganz Avila aus dem Bett. Im Nu verbreitet sich die Kunde: Theresia hat ein eigenes Kloster gegründet. Ein Reformkloster. Sie nennt es »Zum heiligen Josef«.

Das klingt so harmlos, dass es Stunden dauert, bis den Bürgern von Avila das Ungeheuerliche klar wird: Das neue Kloster hat keine Rente! Kein Vater, kein Bruder hat die übliche Versorgungs-Zusage unterschrieben. Völlig eigenmächtig haben die fünf Nonnen gehandelt. Mit Weben und mit Nähen wollen sie sich selber durchbringen. Aber weiß man nicht, in welche moralischen Tiefen Frauen fallen, wenn sie sich selber durchbringen wollen?

In Scharen ziehen jetzt die Mütter von Avila vor das Rathaus. Stundenlang schreien sie im Chor: »Schützet unsere Kinder!« Die Männer von Avila drängen sich derweil vor dem winzigen neuen Frauenkloster. Die einen schmeißen die Fenster mit Steinen ein, die andern rammen die Tür. Und alle schreien: »Loca! Loca! Spinnerin!«

Spinnerin? Heute, viereinhalb Jahrhunderte nach jenem Skandal, gilt Theresia von Avila als größte Heilige der Katholischen Kirche. Sie ist die Klassikerin der christlichen Mystik. Ihr wurde 1970 als erster Frau der höchste katholische Ruhmestitel verliehen: »doctor Ecclesiae – Lehrerin der Kirche«. Warum war sie dann für so viele ihrer Zeitgenossen nur eine Spinnerin?

Ein Katzensprung ist es von Avila nach Salamanca, zu Spaniens glanzvollster Universität. Dort lehrt Professor Domingo de Soto wörtlich: »Von allen kirchlichen Würden auszuschließen sind Frauen, ferner Zwitter, die eher Frauen sind als Männer, sowie Missgeburten, Scheusale und unheilbar Geisteskranke.«

In eine solche Welt wird am 28. März 1515 Theresia von Avila geboren. »Wenn ich daran denke«, schreibt sie in ihrer Autobiographie, »dass ich als Frau geboren bin, fühle ich mich wie gelähmt.«

Sieben Brüder hat sie. Alle sieben brechen auf nach Amerika. Hinter Columbus her zu den größten Abenteuern, die Spanier je erlebt haben. Und sie? Daheim sitzt sie und liest die gleichen Kitschromane wie schon ihre Mutter. Von Amadis und Lisuarte. Darin erfährt sie, dass auch einer jungen Frau ein Abenteuer zusteht. Das ist die Romanze, die zur Heirat führt. »Sobald ich spürte«, schreibt sie, »dass ich einem Mann gefiel, erfasste mich eine solche Zuneigung zu ihm, dass ich ohne Unterlass an ihn denken musste.«

Romanzen ja. Aber heiraten? Sie denkt an ihre Mutter: Mit 15 verheiratet und geschwängert, von einem Kindbett ins andere geworfen, immer leidend, immer lächelnd, mit Kitschromanen getröstet, mit 27 tot. »Welche Gnade«, wird Theresia später wörtlich zu ihren Mitschwestern sagen, »welche Gnade, wenn Gott einer Frau die Tyrannei eines Ehemannes erspart.«

Das ist der erste Skandal im Leben der heiligen Theresia: Trotz dem strengen Verbot ihres Vaters, der sie unbedingt verheiraten will, wird Theresia mit 20 Jahren Nonne. Angst habe ihr der eigene Ungehorsam gemacht, schreibt sie, Angst, »als zerbrächen mir alle Knochen im Leib«.

Es gibt ein altes Sprichwort unter Mönchen: »Wer sich hineinbegibt in die Religion, kommt darin um«. Der Aufbruch der jungen Theresia in die Religion endet im Desaster.

Mit ihrer Seele, mit Gott selber geht sie um wie

ihre Brüder drüben in Amerika mit dem Gold der Inka. Alles will sie haben und sofort. Noch rabiater geht sie mit ihrem Körper um. Wenn die junge Nonne sich geißelt, sind alle Wände ihrer Zelle vollgespritzt mit Blut. Ihr Vater, der sie im Kloster besucht, ist über ihren kranken Gesichtsausdruck entsetzt.

Zuerst bekommt sie Schwindelanfälle und Magenkrämpfe. Neun Monate lang bleibt Theresia am ganzen Körper gelähmt. Jahre dauert es, bis sie soweit gesundgepflegt ist, dass sie wieder teilnehmen kann am normalen Tageslauf in ihrem Kloster.

Was heißt normaler Tageslauf. Mit seinen 180 Nonnen ist das Kloster zur Menschwerdung nicht viel mehr als eine große Kaserne zur Versorgung unverheirateter Frauen. Die meisten jungen Männer sind ja auf nach Amerika. Von den in Spanien verbliebenen Männern ist jeder vierte Priester oder Mönch.

Ein nutzloser Monsterbetrieb voll Intrigen und Geschwätz ist das Kloster zur Menschwerdung. Und keine empfängt im Sprechzimmer so viele Caballeros wie Theresia, keine schweift so bedenkenlos in der ganzen Stadt herum. Dann wieder verfällt sie in lange Monate apathischer Niedergeschlagenheit. »So«, schreibt sie selber, »lebte ich viele Jahre.«

Die Lebensmitte ist oft eine gute Zeit für Menschen, die in der Jugend unter unerträglich starker

Angst gelitten haben. Mit 38 fängt sich die Nonne von Avila. Sie erlebt ihre »zweite Bekehrung«.

Gibt es nicht einen deutschen Mönch, dem es ähnlich ergangen ist wie dieser spanischen Nonne? Von dem wortwörtlich der Satz der Selbsterkenntnis stammen könnte, den sie jetzt niederschreibt: »Nicht so sehr aus Liebe zu Gott bin ich Nonne geworden; es geschah vielmehr aus der Angst eines unfreien Menschen.«

Martin Luther und Theresia von Avila: Der deutsche Reformator und die spanische Reformerin gleichen sich wie Bruder und Schwester. »Sola fide«, sagt er, »durch den Glauben allein.« »Dios solo basta«, wird sie sagen, »Gott allein ist genug.« Und es ist in Avila ähnlich wie in Wittenberg: Aus einem hysterischen Fräulein wird in der Lebensmitte »la grande mujer« – Spaniens größte, tatkräftigste Frau.

»Dios solo basta«: Um diesen spanischen Satz zu verstehen, genügt ein Blick hinein in eins der siebzehn Klöster der Reform, welche Theresia von Avila nacheinander quer durch Spanien gründet: Ein Fußboden ist da aus dunkelroten Ziegeln, weißgetünchte Wände, wenige dunkelbraune Holzmöbel, dazu die braun-weißen Trachten der Schwestern, durch die Fenster der blaue Himmel Spaniens – und sonst nichts. Mitten in jener spanischen Kirchenwelt, die mit goldenem Klimbim und silbernem Gerümpel phantastisch überfrachtet ist, schafft Theresia von Avila 17 Enklaven eines Christentums von absoluter Einfachheit und elementarer Schönheit: »Dios solo basta.«

Obwohl in Salamanca gelehrt wird, dass Frauen unfähig sind zur Meditation, verordnet sie ihren Schwestern zwei Stunden Meditation am Tag. Ihr Buch »Der Weg zur Vollkommenheit« gilt heute als das Meisterwerk christlicher Mystik. Was macht dieses Buch so spannend? Es ist der absolute Anti-Freud. Bei Freud wird ja alles immer grausiger und gruseliger, je tiefer er eindringt in die Seele. Bei Theresia von Avila ist es umgekehrt. Nur in ihren äußeren Bereichen ist die Seele voll von Schuld und Scham und Drang und Angst. Nach innen dagegen wird die Seele heller. Ihr Innerstes hat Theresia erfahren als göttlich strahlendes Glück.

Und wie sie in der späten Lebensmitte zu sich selber findet und zu Gott, so findet sie jetzt auch den Mann, der zu ihr passt: Juan de la Cruz – Johannes vom Kreuz. Nicht einmal anderthalb Meter groß ist der Mönch aus Salamanca und 27 Jahre jünger als sie. Große schwarze Augen hat er und eine leidenschaftliche Seele. »Es ist unmöglich«, schreibt sie, »mit Juan de la Cruz über Gott zu reden, ohne dass er in Ekstase fällt, und ich mit ihm zugleich.«

1568 übergibt sie ihm als erstem die Kutte für einen männlichen Zweig des Karmeliten-Ordens, der nach ihrer Regel lebt. Ganz Spanien schlägt die Hände über dem Kopf zusammen: Eine Nonne hat ihren eigenen Mönchsorden gegründet!

Nur eines wird Theresia Gott nie verzeihen. Das ist die Folter, die Johannes vom Kreuz aus Treue zu ihr im Gefängnis von Toledo erleidet. Laut schreit sie auf vor Entsetzen, als sie ihn wiedersieht: »Er war abgezehrt und entstellt wie ein Toter.«

Eines Tages, so berichten ihre Mitschwestern in Avila, wurde Theresia in einer Vision entrückt bis vor das Angesicht Gottes des Vaters. Laut beklagte sie sich vor ihm über die Folterung von Juan de la Cruz. Da zeigte ihr Gott Vater seinen Sohn am Kreuz: »Schau her, Theresia, so behandle ich meine Freunde.« – »Ach mein Gott«, antwortete die heilige Theresia, »wenn du deine Freunde so behandelst, dann brauchst du dich nicht zu wundern, dass du so wenig Freunde hast.«

Noch respektloser als mit Gott Vater ist die heilige Theresia mit Bischöfen und Prälaten umgegangen. Und nicht alle begegnen dieser souveränen Frau so souverän wie der Erzbischof von Sevilla, Christóbal de Rojas, der vor ihr auf der Straße niederkniet und sich vor allem Volk von ihr segnen lässt. Die meisten halten es mit dem päpstlichen Nuntius in Madrid, Felipe Sega, der sie beim Papst denunziert als, wörtlich, »unruhiges, umherschweifendes, ungehorsames und verstocktes Weib«.

Was dem päpstlichen Nuntius an Theresia so missfiel, das gefiel umso mehr der französischen Feministin Simone de Beauvoir. Sie hat die spanische Heilige gefeiert als Vorläuferin der modernen Frauenbewegung. Das allerdings war im Jahr

1949. Inzwischen haben wir Vorläuferinnen der Frauenbewegung genug, Nachläuferinnen noch viel mehr, sogar in der katholischen Kirche. Was uns im 21. Jahrhundert fehlt, ist, mit Verlaub gesagt, etwas anderes.

Die schlimmste protestantische Phantasie malt sich im Traum nicht aus, welches Maß an Feigheit und Kriecherei heute bei uns in der katholischen Kirche herrscht. Männerherrschaft haben wir noch immer, doch wir haben keine Spur von Männlichkeit.

Theresia von Avila war anders. Ernst Schering, ihr evangelischer Biograph, hat das am besten verstanden. Er schildert die maßlosen Anfeindungen, denen die Nonne von Avila in ihren letzten Jahren ausgesetzt war. Und wie sie allen Angriffen standgehalten hat, unbeirrt bis zu ihrem Tod am 4. Oktober 1582. Während sich zur selben Zeit ihre männlichen Verbündeten nach allen Seiten feig verkrochen. »In dem allgemeinen Schwanken und der stets weiter um sich greifenden Verzagtheit«, schreibt Schering wörtlich, »war sie die einzige wahrhaft männliche Figur.«

Heilige Theresia von Avila, Patronin der Männlichkeit in der katholischen Kirche, bitte für uns!

10. NOTHELFER

Doktor Bircher-Benner

*Schutzpatron der
eingebildeten Kranken*

Unter Schweizern gibt es einen alten Streit: Welche von unseren vielen Kantons-Hauptstädten ist eigentlich die langweiligste? Das sei Frauenfeld, die Hauptstadt des Kantons Thurgau, sagen die einen. Das sei Aarau, die Hauptstadt des Kantons Aargau, sagen die andern.

Ich bin für Aarau. Schwer fällt es, durch Aarau zu gehen, ohne überwältigt zu werden von der Frage: Wann war in Aarau zum letzten Mal etwas los?

Es war am 22. August 1867. Urplötzlich, ja mit einem eigentlichen Urknall, explodierte an diesem Morgen die harmloseste aller Aarauer Einrichtungen, nämlich die große Glockengießerei, aus der fast alle Kirchenglocken der Schweiz stammten. In einer gewaltigen Feuergarbe loderte sie zum Himmel.

An derselben Straße aber, der Glockengießerei gegenüber, lag das Wohnhaus eines Aarauer Notars. Die ungeahnte Explosion warf die schwangere Frau des Notars mit einem solchen Schock zu Boden, dass sie im siebten Monat niederkam.

Es gab damals weder Brutkästen noch alle die anderen medizinischen Hilfen, die einem viel zu früh geborenen Kind heute zugute kommen. Die Ärzte bescheinigten dem Neugeborenen einen »unheilbaren Herzschaden« und prophezeiten ihm »extreme Lebensschwäche«.

Extreme Lebensschwäche? Der Name dieses Kindes sollte für unzählige Menschen zum Inbegriff von gesundem Leben werden, ja von ursprünglicher Kraft. Max Oskar Bircher – Bircher-Benner später nach der Heirat – ist der Erfinder des berühmtesten Rohkost-Rezepts der Welt. Ihm verdanken wir das »Müesli«, genauer gesagt das »Bircher-Müesli«.

Doch bevor ich das Original-Rezept verrate, ein kleines Wort über den Original-Ton. Ich habe einen englischen Freund, der jedesmal, wenn er einen Amerikaner reden hört, zusammenzuckt und stöhnt: »That was our language.« »Das war unsere Sprache.« Etwa so dreht es einem Schweizer regelrecht das Birchermüesli im Magen um, wenn er dieses schönste aller schweizerischen Wörter aus neuhochdeutschem Munde hört.

Doch zurück zur Frage, wie dieser von Geburt an schwer geschädigte Bub überhaupt überlebt hat und wie aus ihm ein bedeutender Arzt werden konnte, der alle Begriffe seiner Zeit von Gesundheit und Krankheit auf den Kopf stellen sollte.

Allein durch beispiellose Zähigkeit des jugendlichen Willens. Keiner musste ihn dazu anhalten – von sich aus hat sich der junge Max Bircher in allen Sportarten geübt, die einen derart schwächlichen Körper stärken konnten: Turnen, Wandern, Reiten, Schwimmen. Schwimmen auch im tiefen Winter im eiskalten Wasser der Aare. Kein noch so böser Rückschlag, der ihn entmutigt hätte. Mit 18 erlebte er den Triumph, dass er, der geborene Schwächling, alle seine Mitschüler an sportlicher Leistung übertraf.

In diesem Augenblick schlug das Schicksal ein zweites Mal zu, so blind und so brutal wie 18 Jahre zuvor. Notar ist ein biederer Beruf, und von allen Notaren von Aarau war Vater Heinrich Bircher der biederste. Doch er hatte einen falschen Freund und dem hatte er, unbedacht, Bürgschaft geleistet. Von einem Tag auf den andern war der Vater finanziell ruiniert. Auf der Flucht vor der Schande ließ er die Familie im Stich. In Amerika versuchte sich der gescheiterte Notar von Aarau als Goldgräber. Dort ist er zugrunde gegangen im Alkoholismus und in der Idiotie.

Später hat Max Bircher einmal von der »Scham« gesprochen. Und dass es einen Grad von Scham gebe, den ein junger Mann fast nicht aushalten könne. Als Sohn eines gescheiterten, geflüchteten Notars daheim in Aarau, als mittelloser Medizin-Student in Zürich hat Bircher gelernt, Schande furchtlos auszuhalten. Er war ja auch abstinent. Das mag heute harmlos klingen. In der Schweiz des 19. Jahrhunderts keinen Alkohol zu trinken, das galt, besonders an der Universität, als unmännlich und lächerlich.

Werner Kollath, der deutsche Reform-Mediziner, hat seine erste Begegnung mit Max Bircher später so beschrieben: Nie zuvor und nie danach sei ihm ein Mensch begegnet, dem »die Furchtlosigkeit« so ins Gesicht geschrieben stand.

Furchtlosigkeit bei einem jungen Arzt? Furchtlosigkeit in einem Beruf, der wie kein anderer geprägt ist von Standesdünkel, von Buckelei nach oben und Besserwisserei nach unten? Die nächste schwere Explosion im Leben von Max Bircher-Benner war vorprogrammiert. Im Januar 1900 fand sie statt.

Im Zunfthaus »Zur Saffran« trat der 32-jährige Dr. Max Bircher-Benner vor die »Zürcher Ärztegesellschaft«, um Rechenschaft abzulegen über jene Experimente, die unter den Ärzten Zürichs helle Empörung ausgelöst hatten.

Bei einer jungen Frau, die unter allerschwerstem Magen- und Darm-Versagen litt und seit Wochen jegliche Nahrung erbrach, hatte Dr. Bircher die damals üblichen Behandlungen allesamt abgesetzt, insbesondere die Ernährung mit stark gekochtem Brei und mit jener Fleischbrühe von Justus Liebig, die als Wundermedizin für Magenkranke galt. Stattdessen hatte er der Schwerkranken etwas zu essen gegeben, was nach damaliger ärztlicher Standesüberzeugung zu ihrem sicheren Tod führen musste: ein Müesli aus frisch geschnetzeltem Obst. Das Ur-Birchermüesli als ketzerischer Heilungsversuch an einer Todkranken. Die Todgeweihte genas.

Die Unruhe im Zunfthaus »Zur Saffran« steigerte sich zum Tumult, als Bircher-Benner jetzt vor der »Zürcher Ärztegesellschaft« furchtlos bekannte, dass er die ganzen herrschenden Begriffe von Gesundheit und Krankheit nicht nur für falsch halte, sondern recht eigentlich für krank machend. Krankheit sei nämlich nicht der mysteriöse Defekt eines Organs, den es mit ebenso mysteriösen Spritzen und Pillen wegzuzaubern gelte. Vielmehr werde ein Mensch krank, wenn er falsch lebe. Aufgabe des Arztes sei es nicht, den Patienten gesund zu zaubern, sondern ihm zu helfen, sein Leben wieder in Ordnung zu bringen, im Beruf, in der Familie und vor allem in der Ernährung.

Ernährung! Noch bevor Max Bircher-Benner sein Müesli-Rezept vortragen konnte, löste der Präsident der »Zürcher Ärztegesellschaft« die chaotische Sitzung mit den Worten auf: »Herr Bircher hat die Grenzen der Wissenschaft verlassen!«

Das stimmte. Zwar hatte Bircher-Benner mit seiner Rohkostbehandlung für Magenkranke unvergleichlich bessere Heilungserfolge als die Schulmedizin. Aber die Begründung, die er 1900 in Zürich vortrug – eine abstruse Theorie von Licht und Energie –, war falsch. Erst viele Jahre danach sollte die Entdeckung der Vitamine Bircher-Benner in fast allen Punkten wissenschaftlich recht geben.

Die »Zürcher Ärztegesellschaft« wollte es nicht wahrhaben. Jahrzehntelang, ja über den Tod hinaus hat sie Max Bircher exkommuniziert. Von allen medizinischen Institutionen, Forschungen, Zeitschriften blieb er zeitlebens ausgeschlossen. Auch die gute Gesellschaft Zürichs, die sich doch stinkliberal dünkt, hat ihn übers Grab hinaus verfemt.

Die Welt nicht. Deutsche und englische Ärzte haben die reformerischen Ideen des Schweizers schon in den zwanziger Jahren aufgenommen und weiterentwickelt. In die winzige Klinik zur »Lebendigen Kraft«, die Bircher-Benner oben am Zürichberg eröffnete, drängten verzweifelte Magen-Patienten aus ganz Europa. Wer aber leidet, sozusagen von Beruf, hoffnungsloser als alle andern, an Bauchweh?

Das sind die Schriftsteller. Mit Bauchweh kam Hermann Hesse aus dem Tessin, mit Bauchweh kam Rainer Maria Rilke aus dem Wallis, aus München kam, mit schrecklichem Bauchweh, Thomas Mann nach Zürich in die Bircher-Benner-Klinik. In seinen Briefen beschreibt er, fassungslos, den extraordinären Betrieb in diesem extraordinären Krankenhaus: Keinerlei faules Herumliegen im Bett, sondern, wie in der schweizerischen Armee, Aufstehen morgens um halb sechs. Danach, für die Schwerkranken, Waldlauf und Turnen, kalte Duschen und harte Arbeit auf den Gemüsefeldern und in den Obstgärten der Klinik. Und um halb neun abends dann wieder, wie in der schweizerischen Armee, absolute Bettruhe.

Tagelang, schreibt Thomas Mann, habe er immer wieder vor seinem Koffer gestanden und sich gefragt, ob er, als schwerkranker Schriftsteller, sich so etwas gefallen lassen solle. Aber dann hat es ihm doch so gut gemundet, vor allem hat es seinem kranken Bauch so wunderbar gut getan: das Birchermüesli. O das Birchermüesli, täglich zweimal, morgens und abends.

Stellen Sie sich bitte vor, verehrte Leser, Sie seien Thomas Mann in der Bircher-Benner-Klinik in Zürich. Thomas Mann, wie er morgens um halb sechs aus dem schweizerischen Bett muss, grimmig auf seinen Koffer starrt und dann doch, wider Willen, den schweizerischen Originalton übt. Üben Sie mit, als wären Sie Thomas Mann. Als übten Sie für den Nobelpreis, so weich und warm und schön sprechen Sie bitte:

»Bircher-Müesli«

Am 24. Januar 1939 ist Max Bircher-Benner, im Alter von 72 Jahren, an seiner angeborenen Herzschwäche in Zürich gestorben. In keiner Weise vorausgeahnt hat er den immensen, globalen Erfolg seiner Reformdiät im letzten Drittel des 20. Jahrhunderts. Vielleicht besser so. Dass Max Bircher, dieser Mann der zähen Selbstbeherrschung, dieser gläubige Kalvinist und leidenschaftliche Schweizer Patriot sich wohlfühlen könnte in der ökoschicken Lebensbastelei des postmodernen Müesli-Milieus, das kann ich mir nicht vorstellen. Immerhin schätzen Fachleute, dass mehrere hundert Millionen Menschen heute auf der ganzen Welt ihren Tageslauf mit seinem Müesli beginnen. Ich selber werde immer wieder von kranken deutschen Jünglingen gefragt, warum ich, ein steinalter Schweizer, so kerngesund sei und woran das liegen möge. Ja, woran das liegen mag:

Man nehme Haferflocken und löse sie auf in Milch. Dazu gebe man etwas Joghurt, ganze Haselnüsse, ganze Trauben und in Stücke geschnittene Orangenschnitze. Darüber streue man braunen, rohen Zucker. Fertig ist das Birchermüesli.

Besonders wichtig, so lehrt uns Dr. Bircher-Benner, ist es, das Bircher-Müesli nicht rasch hinunterzuschlingen, sondern es bedächtig zu kauen und beim Kauen immer wieder Pausen einzulegen. Diese Pausen nutze man, um langsam und genüsslich das Schönste zu üben. Den Originalton. Als wären Sie, verehrter Leser, der Alp-Öhi in Person, so urgesund und so melodisch sprechen Sie es sich selber bitte ein letztes Mal vor:

»Birchermüesli«

11. NOTHELFER

Leopold von Österreich

*Schutzpatron
aller Militärstrategen*

Warum haben wir Schweizer immer gesiegt? Gesiegt in der Schlacht am Morgarten. Gesiegt in der Schlacht bei Laupen. Gesiegt in der Schlacht bei Sempach. Gesiegt in der Schlacht bei Murten. In der Schlacht bei Dornach gesiegt. Die stärksten und stolzesten Feudalheere des Reiches, die Österreicher, die Burgunder, die Schwaben, wir haben sie alle besiegt. Von der Schlacht am Morgarten im Jahr 1315 bis hin zu jener Schlacht bei Dornach, die uns, im Jahr 1499, die tatsächliche Unabhängigkeit vom Reich erstritt, haben wir zwei Jahrhunderte lang, von Schlacht zu Schlacht, immerzu gesiegt. Warum?

Siehe, ich verrate euch eines der größten Geheimnisse der Militärgeschichte: Der eidgenössische Heerhaufen hat immerzu gesiegt, weil er denkbar schlecht ausgerüstet war und so gut wie gar nicht organisiert.

Wir wissen das aus jenen Quellen, die der Wahrheit stets am nächsten kommen. Das sind die Berichte der Besiegten. Adel verpflichtet zu Bildung und so hatten die besiegten Österreicher ausgezeichnete Chronisten. Der beste war Johannes von Winterthur (einer damals noch österreichischen Stadt). Er schildert Herzog Leopold, den österreichischen Heerführer, wie er ihn, nach der Schlacht am Morgarten, am 15. November 1315, mit eigenen Augen erlebt hat: »halbtot« vor Angst, wankend vor Entsetzen. Des Kaisers eigener Bruder, er war geschlagen, Österreichs glanzvolles Heer vernichtet

von einem, das sagen alle Chronisten, »fast unbewaffneten Hirtenvolk«.

»Fast unbewaffnet«? So schlecht bewaffnet jedenfalls, dass Herzog Leopold mit einer Schlacht
gar nicht rechnete, als er, im späten Herbst 1315, an
der Spitze eines glänzenden Ritterheeres aufbrach
in die Eidgenossenschaft. Im deutschen Reich war
wieder einmal die übliche Thronfehde ausgebro-
chen, gegen Friedrich den Schönen von Österreich
stand Ludwig von Bayern, und die Eidgenossen,
darauf bedacht, das mächtige Österreich zu schwä-
chen, wollten den Bayern als Kaiser. Einen Krieg
gegen die kleine Eidgenossenschaft war das den
Österreichern aber nicht wert. Eine militärische
Machtschau verbunden mit einer unblutigen Straf-
aktion musste eigentlich reichen. Das Wichtigste
im Tross des österreichischen Heeres waren deshalb
mehrere Wagenladungen voll Stricken, mit denen
Herzog Leopold dem besagten, »fast unbewaffneten
Hirtenvolk« zum Einbruch der winterlichen Hunger-
zeit das gesamte Vieh wegführen wollte. Dass die
Eidgenossen sich zur Schlacht stellen könnten,
überstieg seine feudale Vorstellungskraft. Rück-
erstattung der Kühe gegen künftige Loyalität zu Österreich: Mit diesem Kuhhandel im Kopf zog Herzog Leopold am 15. November 1315 gen Schwyz.

Er kam bis zum Morgarten. Das ist ein Pass
am Ägerisee, zwischen den heutigen Kantonen Zug
und Schwyz. Dort warteten die Schweizer auf die
Österreicher. Das Zahlenverhältnis war, nach neu-

eren amerikanischen Darstellungen, eins zu zehn. Ein Schweizer gegen zehn Österreicher. Doch mit all seiner überlegenen, berittenen Macht hatte Herzog Leopold, der schlachtenerfahrene Heerführer, gegen den kleinen Haufen der Eidgenossen nicht einen Augenblick eine Chance. Was ihm am Morgarten widerfuhr, war nämlich keine Schlacht, sondern eine menschliche Naturkatastrophe.

Im Augenblick, als sich das Ritterheer auf engem Weg der Passhöhe näherte, donnerten jäh, von allen Flühen links und rechts, Baumstämme und Felsbrocken herunter auf die wild scheuenden Pferde. Und hinter den Baumstämmen, hinter dem Steinhagel her die Schweizer. Nicht eigentlich wie Kriegsleute, schreibt Johannes von Victring, ein anderer österreichischer Chronist, kamen die Schweizer von den Felsen herabgestürmt, sondern wie wilde Tiere. Ohne Helm und Harnisch, im bloßen Hemd stürzten sie sich auf die von Kopf bis Fuß phantastisch gerüsteten Ritter.

Das Schlimmste war das Geschrei. Mit derart tierischem Gebrüll kamen die Schweizer herabgestürzt, dass sich des österreichischen Heeres, und zwar auch jener Ritter, die gar nicht in Bedrängnis waren, ein Zustand bemächtigte, den Johannes von Winterthur mit »Todesterror« umschreibt: »terror horribilis mortis«.

Viele flohen in den See. Sie ertranken alle. Andere wollten ins Moor fliehen. Zu Tausenden wurden sie niedergemetzelt. Dass Herzog Leopold selbst, nach der Flucht, vor Entsetzen »halbtot« war, lag an Feigheit nicht. Er war einer der tüchtigsten Heerführer seiner Zeit.

Dies aber war nicht Krieg im ritterlichen Sinn des Turniers, keine Kriegskunst, sondern das Gegenteil. Wie die siegreichen Schweizer noch ihre geschlagenen Feinde abschlachteten, wie sie im tierischen Blutrausch selbst die Fliehenden, die Gefangenen, die Verletzten allesamt totschlugen, wie sie die Sterbenden verhöhnten und die Leichen mit Gelächter schändeten, das war, schreibt der schweizerische Militärhistoriker Walter Schaufelberger, »der brutale Bruch mit der ritterlichen Kriegstradition«. Herzog Leopolds hohe Kriegskunst war besiegt durch den chaotischen Todesterror alpiner Barbaren.

Das war die Schlacht am Morgarten, und es war die Mutter aller schweizerischen Schlachten. Bewaffnet mit nichts als Halbarten, einer primitiven Kombination von Axt und Spieß, hatten sich die Eidgenossen am Morgarten auf ihre rüstungsstarrenden Feinde gestürzt. Später kam, noch primitiver, der Morgenstern hinzu, eine mit Stacheln besetzte Keule. Aber alle höher entwickelten Waffen ihrer Zeit, sogar die Armbrust – Wilhelm Tells Armbrust –, wollten sie so wenig ins Feld tragen wie bald danach die Feuerwaffen. Die eidgenössischen Berichte selbst sind voll von Klagen, dass die Krieger alles ablehnten, was dem Schutz des eigenen Lebens diente: Helm, Harnisch, Rüstung, nichts wollten die Schweizer davon wissen. Im Hemd zogen sie in die Schlacht.

Krieg im T-Shirt? Der Gedanke drängt sich nicht zufällig auf. Jene schweizerischen Heere, die zwei Jahrhunderte lang halb Europa terrorisiert haben, waren, das steht historisch fest, ungewöhnlich jung. Ähnlich wie in den ärmsten Entwicklungsländern heute gab es damals in den Alpentälern ganz wenig alte Menschen, dafür aber einen enormen Überdruck an jungen. In einer Weise, die wir uns kaum noch vorstellen können, beherrschten tatendurstige Teenager das Leben in der Eidgenossenschaft. Sie beherrschten es mit Gewalt. Alle jene Befugnisse, die heute die Polizei ausübt, standen »Knabenbünden« zu, Banden junger Männer, zwischen 14 und 20, die sich nachts auf Friedhöfen zusammenrotteten, um dort einem archaischen Kult des Todes zu huldigen. Ihre keltischen Vorfahren, die Helvetier, waren einst nackt – buchstäblich nackt – den schwerbewaffneten römischen Legionen entgegengestürmt. Ihre germanischen Vorfahren, die Alemannen, waren auf der Völkerwanderung im Blutrausch durch den Kontinent gestürmt. Jetzt, am Ende des Mittelalters, stürmte noch einmal, mit der gleichen Verachtung des eigenen Lebens, ein wahnsinniger Heerhaufen junger Chaoten aus den Alpen herab. Im bloßen Hemd stürzten sie sich auf Österreichs hochgerüstetes Heer.

Todeslust als Rausch männlicher Jugend, das war das eine. Das zweite war barbarische Beutegier.

Wo immer, zwei Jahrhunderte lang, ein eidgenössischer Heerhaufe dahergezogen kam, vom Hegau bis in den Sundgau, folgten ihm wie die Geier fliegende Händler, begierig, den jugendlichen Helden, die unter der Last ihrer Beute fast zusammenbrachen, gegen klingende österreichische Münze alles wieder abzunehmen. Vielleicht ist das der eigentliche Grund, warum die jungen eidgenössischen Krieger, entgegen allen Befehlen ihrer eigenen Obrigkeit, die schweren Waffen scheuten und keine Rüstung tragen wollten. Nur der Leichtbewaffnete kann leicht plündern.

Hans Georg Wackernagel, der geniale Basler Volkskundler, hat etwas ganz Einfaches getan. Er hat sämtliche Schlachten der schweizerischen Heldenzeit, auch die kleinen und kleinsten Kriegszüge, auf das Kalenderdatum untersucht. Nicht alle, aber weitaus die meisten schweizerischen Kriege haben dann stattgefunden, wenn der Älpler auf der Alp nichts mehr zu tun hatte, aber trotzdem kein zu hoher Schnee lag. Also am liebsten im späten Herbst oder im ersten Frühling. Da hatten sich denn die Österreicher, für ihre Strafexpedition über den Morgartenpass, ein fatales Datum ausgesucht: 15. November! Die Kühe waren zu Tal getrieben, der Käse gemacht. In allen Alpentälern saßen untätig die Knabenbünde auf den Friedhöfen und sannen unruhig auf Beutekrieg.

Seit Jahrhunderten war das so. Vergleichbar jenen Piratenstämmen an der Nordsee, die abwechselnd von der Fischerei und von der Seeräuberei lebten, kombinierte dieses räuberische Bergvolk am Gotthard Alpwirtschaft im Sommer mit Beutezügen im Winter.

Kein Kaiser hatte sich je darum gekümmert. Diese Täler waren nichts als düstere Sackgassen, in die keiner seinen Kopf stecken mochte. Jetzt aber war die neue Pass-Straße über den Gotthard eröffnet. Die unwirtliche Sackgasse in den Alpen war die wichtigste Verbindungsstraße des Reiches geworden. Es war das Interesse Österreichs, es war die Pflicht des Kaisers, die Täler am Gotthard einzubeziehen in die gesamtstaatliche Ordnung.

Friedrich Engels hat das richtig gesehen: Was Österreich am Gotthard wollte, war, für jene Zeit, der politische Fortschritt. Und es war dieser Fortschritt, den die Eidgenossen um jeden noch so blutigen Preis verhindern wollten. Ihre uraltgermanische Räuberfreiheit wollten sie bewahren. Nur 24 Tage nach dem Massaker am Morgarten traten alle drei Talschaften in Brunnen am Vierwaldstättersee zusammen und schworen erneut den heiligen Eid, sich niemals und von niemandem »beherren« zu lassen.

»Sich nicht beherren lassen«, nicht von Österreich, nicht vom ganzen deutschen Reich: Aus dieser Verbindung einer uralten freibeuterischen Lebensweise mit einem neuen politischen Willen entstand am Gotthard eine Kriegsmacht von jungen Chaoten, die von Schwaben bis zur Lombardei, von

Burgund bis Österreich, die Mitte Europas zwei Jahrhunderte lang blutig terrorisierten.

Bis sie an einen gerieten, der ihnen, noch blutiger, den Meister zeigte. Das war der König von Frankreich. Genau 200 Jahre nach der Schlacht am Morgarten, 1515, in der Vernichtungsschlacht von Marignano, gelang es den Franzosen, die Kriegshysterie der Eidgenossen zu brechen und ihre Beutegier fortan in andere Bahnen zu lenken. Geblieben ist, noch unter der späten Maske des Biedermeiertums sich selber treu, die Schweiz: ein kleiner Freibeuterstaat am Gotthard, der sich heute um die gesamteuropäische Ordnung so wenig schert wie einst ums deutsche Reich.

12. NOTHELFER

Papst Pius V

Schutzpatron
des Heilfastens

Wir sind im Jahre 1569. Auf seinem Purpurthron im innersten Gemach des Vatikans sitzt Papst Pius V, Pius der Heilige. Und es wäre bestimmt falsch, die Lage dramatischer zu erzählen, als sie ist: An diesem Morgen vor 410 Jahren zerbricht Sankt Pius sich den Kopf über vieles – über die Schokolade bestimmt nicht. Mit vierzehn Jahren schon war dieser Papst Mönch geworden, Mönch im Dominikanerorden. Die Karriere, die er bis zu seiner Papstwahl in diesem Orden gemacht hat, fasst die offizielle kirchliche Biographie so zusammen: »Inquisitoris officium inviolabili animi fortitudine diu sustinuit – Das Amt des Inquisitors hat er lange Zeit mit unerschütterlicher Charakterstärke ausgeübt.« Mit anderen Worten: Ein Schokoladetyp ist der heilige Pius bestimmt nicht.

In einem endlosen Monolog unterhält er an diesem Morgen das Kardinalskollegium über seine neueste Zwangsidee: Papst Pius V will den größten Kreuzzug aller Zeiten gegen die Türken organisieren. Endlich wagt es einer der Kardinäle, ein Wort dazwischenzuwerfen: »Heiliger Vater, draußen wartet noch immer der Abgesandte der Bischöfe von Mexiko, Fra Girolamo di San Vincenzo. Er bittet dringend um eine persönliche Entscheidung Eurer Heiligkeit im großen mexikanischen Schokoladestreit.«

Dies ist der Bericht, den Fra Girolamo di San Vincenzo im Auftrag der Bischöfe Mexikos dem Heiligen Vater erstattete: Schon im Jahre 1502 war es Kolumbus auf seiner vierten Reise nach Amerika aufgefallen, dass die Rothäute aus mandelförmigen Bohnen ein braunes Getränk bereiteten. Cacahaquahuitl hieß der Baum, Cacahatl die Frucht, Xocoatl das Getränk, und es war für europäischen Geschmack so scheußlich bitter und fett, dass es noch zwanzig Jahre später den spanischen Kriegern bei der Eroberung Mexikos auf der Stelle den Magen umdrehte.

Wahrscheinlich hätten die spanischen Plünderer nebst allem anderen auch den letzten Cacahaquahuitl-Baum in Mexiko umgehauen, wäre nicht im Tross des wüsten Heeres eine feinere Sorte Leute mitmarschiert. Das waren die Missionare: Priester, Mönche, Nonnen, mit einem Wort Leute, die vom Essen und Trinken etwas verstanden. Etwa um die Mitte des Jahrhunderts begannen allerwärts in den neuen Klosterküchen Südamerikas verwegene Experimente. Denn die Zeit drängte. 1545 hatte das Konzil von Trient begonnen, und es war, genauso wie das jüngste Vatikanische Konzil, ein Reformkonzil. Allerdings verstand man damals unter Reform genau das Gegenteil von dem, was man heute darunter versteht: nicht Lockerung, sondern Verschärfung der Disziplin; also zum Beispiel: strenge Einhaltung der Fastengebote in den Klöstern.

Wir wissen nicht mit Sicherheit, welchem Kloster der Ruhm gebührt, als erstes das Konzil überlistet zu haben. Wahrscheinlich sind es die Nonnen des Klosters Unserer Lieben Frau von Guanaco, die zuerst die geniale Idee hatten, das Fett vom flüssigen Kakaobrei abzuschöpfen und ihm gleichzeitig soviel Vanille und Zucker beizugeben, dass sie das grässliche Getränk Xocoatl für den christlichen Geschmack in jene fabelhafte Schleckerei verwandelten, die wir heute Schokolade nennen. Auch hatten sie wohl als erste den Einfall, das Getränk nicht kalt zu servieren, wie das die Indianer taten, sondern heiß. Wenig später gelang es geistlichen Küchenmeistern in Guatemala, Schokolade als feste Speise in Tafelform zu konservieren.

Jetzt war kein Halten mehr. An allen Fast- und Bußtagen fanden in den Klöstern Südamerikas wahre Schokoladeorgien statt. Das Wunderbare an der Sache nämlich war, dass dabei die verschärften Fastengebote des Konzils von Trient streng eingehalten wurden. In den Verordnungen aus Rom war ja alles ganz genau geregelt, was Fleisch, Fisch und Ei betraf. Aber von Xocoatl war darin nicht die Rede. Von Schokolade hatten Papst und Konzil keine Ahnung.

Nur allzu schnell wurde das christliche Volk auf die Fastenschlemmereien in den Klöstern aufmerksam. Mit Sorge müssen wir hören, welche Ausmaße die fromme Schokoladesucht in der mexikanischen Provinz Chiapas annahm. Dort schritten die Damen der gehobenen Gesellschaft am Schluss der Messe nicht mehr zur Kommunionbank, sondern ließen sich von ihren Dienern in der Kirche eine dampfende Tasse Schokolade servieren. Das gemeine Volk knabberte derweil Schokolade von der Stange. Als der Bischof von Chiapas, Bernardo de Salazar, gegen diesen Unfug mutig einschritt, wurde er von fanatischen Schokoladeanhängerinnen meuchlings vergiftet.

Jetzt naht der historische Augenblick. Nach allem, was wir über den Verlauf der Audienz wissen, hat Papst Pius V bei diesem Bericht aus Mexiko nämlich überhaupt nicht zugehört. Der Geist des Inquisitors ist ganz bei seinen phantastischen Kriegsplänen gegen die Türken. Er wisse, gesteht er seinen Kardinälen, nichts zu sagen zu diesem Bagatellproblem aus Amerika, ja er wisse nicht einmal, wie Schokolade schmecke, nie im Leben habe er von so etwas auch nur gekostet. Mit diesem Einwand allerdings hat Fra Girolamo di San Vincenzo aus Mexiko gerechnet. Extra, so versichert er dienstfertig, habe er ein ganzes Kistchen allerfeinster Schokolade aus Amerika mitgebracht. Ob Seine Heiligkeit nicht zur Probe ein Tässchen kosten wolle?

Wenig später riecht es in der Küche des Vatikans zum ersten Mal in der Geschichte nach dampfender Schokolade. Dann wird die Tasse dem Heiligen Vater feierlich gereicht. Ein feierlicher Augenblick ist es in der Tat. Zum ersten Mal in der christlichen Glaubensgeschichte wird ein dogmatisches Problem empirisch gelöst.

Der Inquisitor riecht. Der Inquisitor schnuppert. Dann nimmt der Inquisitor beherzt einen Schluck.

Im selben Augenblick verzieht sich sein Gesicht zur Grimasse. Papst Pius V schüttelt sich vor Ekel. Und er spricht die historischen Worte: »Potus iste non frangit jejunium.« Das heißt auf deutsch: »Schokolade bricht die Fasten nicht.« Im Gegenteil, meint der heilige Pius, ein so scheußlich süßes Getränk könne er der ganzen Christenheit geradezu als Bußgetränk für die Fastenzeit empfehlen. Kein Zweifel: Papst Pius V steht auf sauer.

Jetzt beginnt der Siegeszug der Schokolade durch die tridentinisch reformierten katholischen Küchen Europas. Über Madrid gelangt sie nach Rom und wird für ein Jahrhundert zur Lieblingsspeise des fastenstrengen italienischen Klerus. Welches Ausmaß die geistliche Schleckerei in Rom selbst annimmt, ersehen wir am besten aus den betrüblichen Umständen der Heiligsprechung von Sebastian de Aparicio. Wir haben Beweise dafür, dass während des Heiligsprechungsprozesses der Päpstliche Protonotar mit acht Pfund Schokolade bestochen wurde, sein Sekretär mit zwei Pfund. Trotzdem kam der Prozess nicht vom Fleck. Erst eine weitere Bestechung mit sechzig Pfund Schokolade im Jahre 1697 machte den Sebastian de Aparicio endlich zum heiligen Sebastian.

Die leidenschaftlichsten Freunde und Förderer hatte die Schokolade im Jesuitenorden. So veröffentlichte der Jesuit Olonius Ferronius eine begeisterte »Ode an den Kakaobaum«. Der Jesuit Andreas Forzoni schenkte der Welt eine »Elegia in laudem cocolatis«, und sein Ordensbruder Thomas Strozzi ließ sich gar hinreißen zu einem 89 Druckseiten umfassenden Hymnus: »De mentis potu sive de choco latis opificio.«

Es ist jetzt zu berichten, dass just zu dieser Zeit ein schwerer Streit schwelte zwischen dem Jesuitenorden und dem Dominikanerorden. Die beiden Orden stritten sich über das Wesen der göttlichen Gnade und um die Pfründen der Inquisition. Je süßer die Jesuiten das Lob der Schokolade sangen, desto saurer wurden die Dominikaner. Und obwohl Papst Pius V selbst Dominikaner gewesen war, beginnt sein Orden jetzt zu Beginn des 17. Jahrhunderts noch einmal einen erbitterten moraltheologischen Feldzug wider die Schokolade. In diesem Streit hat sich selbst ein so bedeutender Moraltheologe aus dem Dominikanerorden wie Daniele Concina verschlissen. Seine zahlreichen Abhandlungen über das Problem strotzen vor Hass gegen die Jesuiten und gegen die Schokolade.

Es ging jetzt schon gar nicht mehr nur ums Fasten. Die Dominikaner vertraten nämlich immer stärker die Auffassung, Schokoladeessen sei deshalb unmoralisch, weil im Kakao eine geheimnisvolle Kraft enthalten sei, ein Aphrodisiakum, also eines jener Stärkungsmittel, die Heinrich Lübke an die japanische Hafenstadt Osaka zu erinnern pflegten. Wurde nicht gar in spanischen Klosterküchen heimlich ein frivoler Gassenhauer gesungen mit dem Vers:

»Cuando llegará aquel dia
Y aquella feliz mañana,
Que nos lleven a los dos
El chocolate en la cama?«

Ich werde mich hüten, meine Damen und Herren, dieses verwerfliche Schokoladeliedchen in deutscher Übersetzung vorzutragen. Ich habe nämlich keine Lust, mir jene fromme Empörung auf den Hals zu laden, die damals einen jungen Wiener Arzt, Johann Michael Haider, fast das Leben gekostet hat. In seiner Doktordissertation »Disputatio medico-diaetetica« hatte er die dominikanische These vertreten, Schokolade sei ein »Veneris pabulum« – eine »Venusspeise« –, und damit der Zölibat endlich wieder ein bisschen besser eingehalten werde, sei es an der Zeit, der Priesterschaft jeglichen Genuss von Schokolade strengstens zu verbieten.

Über diese Zumutung war der österreichische Klerus so empört, dass es einen Augenblick schien, als werde Doktor Haider an der Seite von Monsignore Salazar, dem Bischof von Chiapas, eingehen in die Geschichte als zweiter Märtyrer der Schokolade. Schließlich begnügte man sich aber damit, nicht Haider selbst, sondern nur seine Schrift wider die Schokolade in Wien öffentlich und feierlich zu verbrennen.

Im Grunde aber war der Wiener Schokoladestreit nur ein provinzielles Nachhutgefecht. In Rom selbst war zu diesem Zeitpunkt der Disput längst entschieden. Dafür hatte hauptsächlich Kardinal Brancaccio gesorgt. Seine »Diatribe de potu chocolatae« – »Streitschrift für die Schokolade« – 1662 erstmals gedruckt, fand im Klerus reißenden Absatz, und bald war die sechste Auflage vergriffen. Die Schokolade hatte gesiegt. Die Jesuiten triumphierten.

Sie triumphierten zu früh. Jetzt nämlich naht die Stunde der Finsternis. Es naht die Stunde des Verrats. Um es mit der alten katholischen Klage zu sagen: »Church of England! So near – and yet so far!«

Thomas Gage heißt der Verräter. 1612 schickt ihn sein papistischer Vater aus England nach Spanien, damit er dort Jesuit werde und einst das abtrünnige Albion zurückführe in den Schoß der alleinseligmachenden Kirche. Tatsächlich wird der vielversprechende Thomas um 1625 zum Priester geweiht. Ob des vielen Kakaotrinkens bei den Jesuiten hat Pater Thomas freilich sein englisches Vaterland vergessen. Er schifft sich ein als Missionar nach den Philippinen.

Leider ist Thomas Gage nie auf den Philippinen eingetroffen. Beim Zwischenhalt in Amerika ist er seinem Orden abhanden gekommen. Dort, zwischen Kolumbien und Mexiko, ist Pater Thomas, der schokoladesüchtige Engländer, 24 Jahre lang buchstäblich im Kakao versumpft. Dann segelte er, tief gefallen und verkommen, nach Hause zurück – natürlich nicht nach Madrid, sondern nach London. Für ein paar Silberlinge schreibt er dort ein Buch, in dem er alles verrät, was ein katholischer Priester verraten kann. Er verrät den Glauben der Päpste und kehrt reumütig zurück in den Schoß der Kirche von England. Schlimmer noch: Er verrät die köstlichsten Schokoladerezepte des Jesuitenordens in englischer Sprache an die Protestanten. Schande über »Pater« Thomas Gage.

Noch der englische Seeräuber Francis Drake hatte, wenn er ein spanisches Schiff kaperte, den Kakao voller Verachtung über Bord werfen lassen. Denn was ein richtiger Protestant ist, frisst keine Schokolade. Jetzt aber lief den Engländern ob den verräterischen Ergüssen des Thomas Gage das Wasser so im Munde zusammen, dass sie sich aufmachten, die Kakaopflanzungen von Jamaika zu erobern. Vergeblich mühte sich Sir Roger North, oberster Ankläger im Dienste des Königs, die Schokoladestuben in der britischen Hauptstadt als »Schulen des Bösen« schließen zu lassen. Immerhin verhinderte der puritanische Gegenangriff, dass der Jesuitenschleck, wie es einen Augenblick schien, zum britischen Nationalgetränk wurde. Die Kirche von England trinkt Tee.

So waren es denn nicht die Engländer, die die moderne Schokoladenindustrie geschaffen haben. Und doch behält der deutsche Soziologe Max Weber recht mit seiner Behauptung, dass die gesamte moderne Industrie von Protestanten geschaffen wurde aus dem Geist Johannes Calvins. Wo freilich konnten Protestanten ein so extremes Produkt katholischer Sinnenfreude industrialisieren wie die Schokolade? Nur dort, wo der protestantische Sinn fürs Geld, fürs Geschäft, für die Industrie sich radikal kreuzt mit dem katholischen Kulturkreis, mit der lateinischen Gaumenfreude. Dieser vom Gott Calvins prädestinierte Ort ist die französische Schweiz. Wider alle wirtschaftliche Vernunft, allein aus religiösen Gründen, stehen die berühmtesten Schokoladefabriken der Welt am Genfer See, in Calvins eigenem Land. François Louis Cailler, Philippe Suchard, Henri Nestlé und Daniel Peter: Sie alle waren knochenharte protestantische Geschäftsleute – aber jeder von ihnen war umgeben von einem ganzen Schwarm von italienischen, von katholischen Schokoladeköchen. Mit der Erfindung von »Peters Milchschokolade« erreicht die Geschichte der Schokolade ihren schweizerischen: ihren ökumenischen Höhepunkt.

13. NOTHELFER

Kardinal Mezzofanti

Schutzpatron
der Zensoren

»Herr, wir danken Dir dafür, dass Du uns das Internet geschenkt hast.« Als Erzbischof Joachim Meisner dieses Gebet sprach, löste er eine Welle christlicher Erheiterung aus. Ob der Kölner Kardinal denn gar keine Ahnung habe, was im Internet los sei?

Soviel Ahnungslosigkeit wird niemand jenen Bischöfen unterstellen, die am 3. Mai 1512 in Rom zum 5. Laterankonzil zusammentraten. »Ein Skandal nach dem andern«, klagte das Konzil, habe stattgefunden. »Und täglich befürchten wir noch größere Skandale.«

Der Buchdruck war erfunden worden. Nebst vielem Wahren und Guten ergoss sich eine Flut von gedrucktem Schund und Unfug über die Christenheit.

»Wir ordnen deshalb an, dass künftig und für alle Zukunft keiner mehr es wage, ein Buch zu drucken ohne vorherige gründliche Kontrolle und ohne ausdrückliche kirchliche Erlaubnis.«

Seit es Bücher gab, seit dem grauen Altertum hatte es Zensur gegeben. Doch was das 5. Laterankonzil jetzt anordnete, war etwas Neues: Dies war, als Antwort auf die moderne Technik des Buchdrucks, eine Zensur von ebenso modernem Kaliber: Nicht mehr wie bisher gelegentlich und irgendwie sollte die Kontrolle stattfinden, sondern systematisch und präventiv. Kein einziges Druckwerk mehr ohne das »Imprimatur«, die amtliche Druckerlaubnis der Kirche. Jedes unerlaubt gedruckte Buch aber sei, so ordnete das Konzil an, »zu beschlagnahmen und zu verbrennen«.

Hochzufrieden mit diesem Beschluss gingen die Konzilsväter im Jahr 1517 auseinander. Und keiner ahnte, dass alle die beklagten Skandale nichts waren als ein harmloses Vorspiel zu jenem epochalen Skandal, der noch im selben Jahr in Deutschland ausbrechen sollte.

Martin Luther!

Wie alle Menschen seines Schlags hatte Luther einen starken Mitteilungsdrang. Etwa zehnmal soviel wie Eugen Drewermann hat er geschrieben. »Die hohen Wohltaten der Buchdruckerei«, rief der Reformator begeistert aus, »sind in Worte nicht zu fassen.«

Feierlich wurden Luthers Schriften am 12. Juni 1521 in Rom verbrannt. Vergeblich. Nicht nur die Dämme der Zensur, die gesamte katholische Ordnung brach nördlich der Alpen zusammen.

Die katholische Antwort auf Luthers Herausforderung war das Konzil von Trient. Erneut beklagte es, wörtlich, »die übergroße Zahl verdächtiger und verderblicher Bücher«, die sich seit der Erfindung des Buchdrucks über die Christenheit ergossen hatten. Die Kontrollmaßnahmen des 5. Laterankonzils seien deshalb zu verschärfen. Nicht nur systematisch und umfassend solle die Zensur künftig sein, sondern auch zentral gesteuert.

So entstand die Heilige Index-Kongregation. Diesen Namen bekam die zentrale Zensurbehörde im Vatikan, weil es ihre vordringliche Aufgabe war, ein Gesamtverzeichnis aller verbotenen Bücher herauszugeben. Dies ist jener legendäre Index librorum prohibitorum, vor dem die großen Geister in Paris so zitterten, dass sie flüsternd nur von »l´Infâme« sprachen, vom infamen Monstrum der römischen Zensur.

In Wirklichkeit war dieses infame Monstrum nie mehr als ein armseliges Ein-Mann-Büro im Vatikan. Wohl wurde die Zensurbehörde von Kardinälen geleitet, doch die trafen sich nur viermal im Jahr. Ein Dutzend Gutachter gab es auch, doch das waren schlechtbezahlte freie Mitarbeiter. In Wirklichkeit bestand die ganze Minikongregation aus einer einzigen Planstelle. Das war der Sekretär. Der aber konnte, im Unterschied zu den Sekretären anderer Kongregationen, nicht Kardinal werden. Lustlos saß er im Abseits vatikanischer Beförderung.

Hauptanliegen des Sekretärs war unter diesen Umständen eine ungestörte Siesta. Man schätzt, dass neunzehn von zwanzig angezeigten Büchern nicht auf den Index librorum prohibitorum wanderten, sondern – ungelesen, ungeprüft – in den Papierkorb des Sekretärs.

Allerdings hatte der Zufall System. Wohl waren die Sekretäre der Index-Kongregation gebildete Leute. Außer Italienisch konnten sie Latein und Französisch. Aber Deutsch?

»Germanicum est, non legitur – Was auf Deutsch geschrieben ist, lesen wir gar nicht erst.«

Das war die Arbeitsregel in der Index-Kongregation. Während die halbe französische Literatur zur Ehre des Index librorum prohibitorum gelangte, verschwand zu gleicher Zeit die halbe deutsche Literatur ungelesen im Papierkorb des Sekretärs.

Dies änderte sich dramatisch im Jahr 1838, als jener Kardinal in die Aufsicht über die Index-Kongregation berufen wurde, der als das größte Sprachgenie der Geschichte gilt: Giuseppe Mezzofanti. 38 Sprachen beherrschte der Italiener perfekt.

Nächtelang las Kardinal Mezzofanti deutsche Literatur. Bis er auf einen Roman stieß, der ihm den Schlaf raubte: »Die Leiden des jungen Werther«. Von einem gewissen Goethe. »Ein ganz ungesundes Buch«, urteilte Kardinal Mezzofanti.

Goethe verbieten? Die »Leiden des jungen Werther« verbrennen? Tagelang rang Kardinal Mezzofanti mit sich selbst. Dann fällte er eine bemerkenswerte Gewissensentscheidung: Man zensiert Goethe nicht!

Doch machte er es sich selbst zur Pflicht, regelmäßig durch die römischen Buchhandlungen zu schmökern, und dabei unauffällig zu erkunden, ob vielleicht Werke eines gewissen Goethe feilgeboten würden, und, wenn ja, diese ungesunden Bücher, koste es, was es wolle, aufzukaufen. Damit sie nicht in die Hände gefährdeter jugendlicher Leser gerieten.

Ähnliches Glück wie Goethes Werther hatte im Jahre 1910 ein ähnlich ungesundes deutsches

Buch. »Winnetou« hieß der Roman, und sein Autor Karl May.

»Winnetou« auf dem Index? Winnetou, der doch, im Sterben noch, die Augen hob zur Himmelskönigin:

»Madonna, ach, in deine Hände
Leg ich mein letztes, heißes Flehn:
Erbitte mir ein gläubig Ende
Und dann ein selig Auferstehn!
Ave Maria!«

Unser frommer Winnetou am Schandpfahl in Rom?

Leider Gottes ging es nicht um Winnetous Gebete, sondern um Karl Mays Sünden. Schreckliche Gerüchte waren nach Rom gedrungen. Gerüchte über die jugendgefährdenden »Jugendsünden« dieses Jugendbuchautors. Vor allem jene Jugendsünde, die man im Vatikan nur hinter vorgehaltener Hand zu nennen wagte: »Il pessimo – das Allerschlimmste«. Wer konnte da Karl May noch vor dem Bannfluch bewahren?

Nur einer: Pater Thomas Esser. Ein Zufall wollte es, dass mit ihm ein Deutscher Sekretär der Index-Kongregation geworden war. Als er die Akte Karl May sah, erbleichte Pater Esser. Waren nicht alle Pfarr- und Klosterbüchereien in Deutschland vollgestopft mit Karl May? Winnetou verbieten? Die ganze deutsche Jugend würde aufstehen gegen

Rom! Mit einem wohlbedachten Wurf versenkte Pater Esser die Akte Karl May in seinen großen Papierkorb.

Es muss jetzt die Rede sein von einem dritten, besonders ungesunden deutschen Autor. Nur ein einziges höchst ungesundes Buch hat er geschrieben, und doch brandeten ihm, wo immer er auftrat, Stürme der Begeisterung entgegen:

»Adolf Hitler, Österreichs Sohn,
zeige dich auf dem Balkon!«

Drei Jahre lang, von 1934 bis 1936, mussten die armen Gutachter der Index-Kongregation »Mein Kampf« lesen. Warum kam Hitlers Buch trotzdem nicht auf den Index?

Manchmal ist die banalste Erklärung die beste. Die wenigsten von uns lesen Bücher ganz. Der normale Mensch hört nach dem ersten Kapitel auf. Auch die Zensoren im Vatikan waren normale Menschen. Überdies waren sie schlecht bezahlt.

Wer aber nur das erste Kapitel von »Mein Kampf« liest, der ist hoch erbaut. Schildert der Führer doch, wie er als kleiner Pimpf bei den Mönchen der Abtei Lambach wunderbar singen lernte.

Sängerknabe Adolf Hitler. Regelrecht »berauscht«, so bekennt er, habe sich sein jugendliches Herz an den frommen Melodien der Kirche.

Allelujaschlumpf Adolf Hitler. Ist es da verwunderlich, dass der eine oder andere vatikanische

Gutachter ein solches Bekenntnisbuch nicht ver-
dammen mochte, sondern es, gleich nach Kapitel
Eins, mit einem milden Lächeln beiseite legte?

Allerdings wird auch vermutet, dass der Sekretär der Index-Kongregation einen Wink bekommen habe aus dem Päpstlichen Staatssekretariat.
Dort amtete bereits Eugenio Pacelli, der nachmalige
Pius XII. Das war ein Kardinal mit Berlin-Erfah-
rung. Immer, wenn die Rede auf Hitler kam, hob er
warnend die Hände: »Molto delicato! – Sehr hei-
kel!«

Kein Wunder also, dass der Index-Sekretär die
besonders heikle Akte Hitler nicht in den Papierkorb beförderte, sondern ins Archiv, sorgfältig ver-
schnürt und mit der Aufschrift »unerledigt«.

Eine finstere Gruft von verschimmeltem Papier ist dieses Archiv. Doch es ist das Einzige, was
übrigbleibt von der einst so gefürchteten Heiligen
Index-Kongregation. 1966 hat Papst Paul VI den
Index librorum prohibitorum abgeschafft.

Böse Zungen im Vatikan behaupten, dieser
Papst habe einen persönlichen Grund gehabt, den
Index abzuschaffen. Als Teenager nämlich sei er
versessen gewesen auf französische Literatur. Da
durfte er aber nicht viel lesen. Fast die ganze französische Literatur stand auf dem Index: Von Victor
Hugo bis Emile Zola, von Stendhal bis Balzac, sogar
die beiden Alexandre Dumas. War alles verboten,
bei Strafe der Exkommunikation. Um selber, wenigstens als Papst, endlich »Die drei Musketiere«

lesen zu dürfen, habe Paul VI ihn abgeschafft, den Index librorum prohibitorum. Behaupten die bösen Zungen im Vatikan.

Gottseidank gibt es im Vatikan nicht nur böse, sondern auch gute Zungen. Die beste Zunge ist zweifellos der Osservatore Romano. Die päpstliche Hauszeitung rechtfertigte die Abschaffung des Index mit der Einsicht, es sei gar nicht möglich, die »riesige Buchproduktion unserer Zeit zu kontrollieren«.

Auf Deutsch gesagt: Was nicht möglich ist, soll man gar nicht erst versuchen.

Fürwahr eine treffliche Einsicht. Verwunderlich nur, dass es so viele Jahrhunderte gedauert hat, bis wir zu dieser Einsicht kamen. Das hätte ein bisschen schneller gehen können. Hätten nur die Väter des 5. Laterankonzils, statt schlechte Bücher zu verbrennen, einen Blick geworfen in das beste aller Bücher.

Im Evangelium nach Matthäus steht das Gleichnis von den übereifrigen Knechten, die das Unkraut jäten wollen. Der Herr aber verbietet es ihnen streng: »Tut das nicht, damit ihr nicht zugleich den Weizen mit ausreißt, wenn ihr das Unkraut jätet. Lasst beides miteinander wachsen bis zur Ernte!«

Worte des Herrn, die das 5. Laterankonzil leider nicht beachtet hat.

Und ich denke an unsere muslimischen Schwestern und Brüder, die sich heute um die Flut schlechter Bücher die gleichen schweren Sorgen machen wie unsere christlichen Konzilsväter damals vor fünf Jahrhunderten. Und denen wiederum nichts Besseres einfällt als das Verbieten und Verbrennen. Mögen auch sie, mögen auch unsere muslimischen Schwestern und Brüder zur Erleuchtung durch den Propheten Jesus gelangen.

Aber hoffentlich ein bisschen schneller als wir.

Der Heilige Geist

*Schutzpatron
aller Transvestiten*

Sich Gott Vater vorzustellen, fällt keinem schwer. Selbst wer nicht an ihn glaubt, hat doch von ihm ein Bild. Gott Vater ist das Urbild des bärtigen Patriarchen, des Mannes, der die Welt erschafft und der sie väterlich beherrscht.

Und wie die erste Person Gottes, so die zweite: Auch wer an Jesus Christus nicht glaubt, weiß sich Gott Sohn doch vorzustellen. Kein Bild hat sich der Menschheit so eingeprägt wie das des Erlösers am Kreuz. Selbst in modernen Cartoons sind die beiden ersten Personen der Gottheit eingegangen: Gott Vater als »der Chef«, Gott Sohn als »der Junior-Chef«. Ob uns die beiden Bilder behagen oder nicht, eines sind sie: klar vorstellbar.

Gänzlich anders die dritte Person der Göttlichen Dreifaltigkeit, der Heilige Geist. Er ist die Liebe in Person. Doch seltsam, kein noch so gläubiger Christ ist imstande, sich die Liebe in Person als Person bildhaft vorzustellen. Kein Cartoonist hat es bislang versucht. Hat doch nicht einmal Tizians geniale Phantasie dazu ausgereicht. In seinem Bild der Dreifaltigkeit hat er Gott Vater und Gott Sohn dargestellt als zwei ehrfurchtgebietende männliche Gestalten. Und zwischen dem Vater und dem Sohn? Nichts zwischen ihnen als eine Taube. Kein Gesicht und keine Gestalt, nur ein Tiersymbol: ein Täubchen winzigklein.

Das ist es, was den Heiligen Geist von Gott Vater und Gott Sohn verblüffend unterscheidet: Er ist eine göttliche Person ohne Gestalt und ohne Gesicht. Warum?

Siehe, ich verrate euch ein großes Geheimnis: Die dritte Person Gottes hat sehr wohl ein Gesicht. Doch dieses Gesicht ist verhüllt. Bis zur Unerkennbarkeit ist es verschleiert. Verschleiert in einer Weise, die nicht zufällig an das Schicksal der Frau im Islam erinnert. Die dritte Person der christlichen Dreifaltigkeit ist ursprünglich weiblichen Geschlechts. Durch alle Schleier der Dogmatik noch heute erkennbar, hat die Liebe in Person das menschliche Gesicht einer Frau.

Mag der Zeitpunkt unter Historikern strittig sein, die Tatsache selber ist es nicht: Etwa um das Jahr 800 vor Christus geschah am Himmel zwischen Babylon und Ägypten etwas Extraordinäres: Aus dem orientalischen Gewimmel von Göttinnen und Göttern setzte sich ein Gott einsam ab, mit einem gänzlich neuen Anspruch an Macht und Majestät: »Ich bin der Herr, dein Gott. Du sollst keine anderen Götter neben mir haben.«

Jahwe, der Gott Israels. Ein einzigartig neuer Gott und doch, zugleich, ein Gott mit unbewältigter Vergangenheit. Eben noch war Jahwe nicht mehr gewesen als ein ganz normaler orientalischer Gott unter vielen ganz normalen Göttern. An dieser Normalität im Vorleben Jahwes aber war eines ganz besonders normal gewesen: Wie alle Götter des Orients, wie die Götter der Griechen, der Germanen, so hatte Jahwe, selbstverständlich, eine Frau.

Eine Frau? Lilith, Lamia, Astarte – die Namen und Beinamen dieser alten Fruchtbarkeitsgöttinnen um den alten Kriegsgott Jahwe purzeln so legendär durcheinander wie alle Dinge zwischen Mann und Frau. Doch seine Lieblingsgemahlin scheint Astarte gewesen zu sein, eine mächtige Göttin der Fruchtbarkeit.

Jetzt verstieß er sie. Der Gott, der keine anderen Götter mehr neben sich vertrug, vertrug erst recht keine Göttin. Weibergeschichten waren mit Jahwes neuer, transzendentaler Würde unvereinbar. Zur Verwunderung aller benachbarten Heiden thronte im Himmel über Jerusalem mit einem Mal ein zölibatärer Gott. Und damit, von allem Anfang an eingebaut in die jüdisch-christliche Geschichte, ein unlösbares Problem.

Dies nämlich weiß jeder ganz gewöhnliche Mann aus der ganz gewöhnlichen Lebenserfahrung: Das weibliche Geschlecht loszuwerden ist schwer. Unter uns gesagt: Es ist unmöglich. Oder, wie es die Franzosen sagen: Wenn man die Frau zur Tür raus jagt, kommt sie durchs Fenster zurück.

Astarte, Jahwes verstoßene Gemahlin, hatte ein Lieblingstier. Ihr Symbol war die Taube. In der Antike nämlich war die Taube nicht wie heute Symbol des Friedens, sondern, weil sie so auffällig schnäbelt und turtelt, Symbol weiblicher Erotik. So war sie auch, in Griechenland, das Lieblingstier Aphrodites. Bei allen orientalischen Liebesgöttinnen, ohne Ausnahme, ist sie die Liebesbotin.

Wenn die Göttin sich in einen Gott verliebt, schickt sie zu ihm, als Botin, die Taube.

Durch die Tür verstoßen, kommt Astarte durchs Fenster zu Jahwe, ihrem Gemahl, zurückgeflogen. Und zwar sofort, auf Seite 1 des Alten Testaments. »Und der Geist Gottes schwebet auf dem Wasser«, so übersetzt Martin Luther. Das ist eine doppelt hilflose Übersetzung. Der Geist – »ruah« – ist nämlich im Hebräischen weiblich, urweiblich, wahrscheinlich stammverwandt mit »rehamin«, mit der Gebärmutter. »Ruah« ist die schöpferische Urkraft aus dem Schoß der Frau. Und da sie urweiblich ist, die Geistin, die mit Jahwe zusammen die Welt erschafft, so schwebt sie auch nicht reglos, wie Martin Luther glaubt. Das entsprechende hebräische Wort meint die Bewegung eines Vogels. »Flattern« wäre eine bessere Übersetzung als »schweben«. Der weibliche Schöpfungsgeist, der von Anbeginn bei Jahwe ist, wird deshalb in der rabbinischen Tradition selbstverständlich als Vogel dargestellt. Als Jahwes göttliche Taube.

Vom Anfang bis zum Schluss, insgesamt fast vierhundertmal, flattert die »ruah«, urweiblich, als Jahwes unabkömmliche Begleiterin, durch den scheinbar so zölibatären Himmel des Alten Testaments. Als Turteltaube im Hohenlied Salomos geht die getarnte Göttin schon wieder ganz ungeniert ihren ursprünglichen erotischen Absichten nach. Und je näher jener Augenblick rückt, den das Neue Testament umschreibt mit den Worten »Als die Zeit erfüllet war«, desto aufgeregter flattert die Taube. Sie will noch immer, was Astarte einst gewollt hat: Sie will Jahwe einen Sohn schenken.

Schon sind, in der Generation Jesu, etwa achtzig Prozent der Juden aus Palästina ausgewandert. Rund ums Mittelmeer huldigen sie weiter dem Gott Abrahams, nehmen aber zugleich, als Menschen ihrer Zeit, teil an einer neuen religiösen Welle. Das ist die »Gnosis«. Nichts beschäftigt so die gnostische Phantasie wie die »Σοφία«, die ewige Weisheit, der weibliche Urgrund der Welt. Das Symbol der »Σοφία« aber ist die alte Liebesbotin aller Liebesgöttinnen: die Taube.

Taube hier, Taube dort – nicht nur bei den großen jüdischen Denkern der Zeit Jesu, etwa bei Philo von Alexandrien, auch im frommen Gemüt des jüdischen Volkes verschmelzen die beiden Tauben, die jüdische und die hellenistische, zu einer Himmelsmacht voll göttlicher Fruchtbarkeit. Zu einer staunenswerten Mutation der Religionsgeschichte: Gottes Geist, die himmlische Taube, kommt herabgeflogen in den Schoß einer reinen Jungfrau. Maria gebiert Jahwe einen göttlichen Sohn.

Die Lage ist jetzt, im christlichen Himmel, ungleich komplizierter als zuvor im jüdischen. Statt einer einzigen, von einem weiblichen Symbol umflatterten männlichen Gottesperson sind es jetzt drei. Rund ums Mittelmeer beginnt ein Hexensabbat von christlichen und gnostischen Sekten, die sich darüber streiten, was Jesus denn nun sei: der Sohn des Vaters oder die irdische Erscheinung der göttlichen Sophia. Bis im 4. Jahrhundert aus dem Chaos der Sektiererei eine neue Ordnungsmacht souverän aufsteigt. Das ist die Katholische Kirche. Ihr wichtigstes Ordnungsinstrument ist, nicht zufällig, der Zölibat.

Am Himmel wie auf Erden. In einer einzigartigen denkerischen Anstrengung entwickeln die besten Köpfe der neuen Kirche, allen zuvor Augustinus, eine staunenswert neue männliche Himmelsordnung. Das ist, bestehend nicht mehr aus einer, sondern nunmehr aus drei männlichen Personen, die Allerheiligste Dreifaltigkeit: Vater, Sohn und Heiliger Geist.

Die schwache Stelle in diesem göttlichen Dreimänner-Dreieck ist, wir ahnen es, der Heilige Geist. Noch für die judenchristliche Urgemeinde in Jerusalem war der Geist, der sie zu Pfingsten erleuchtete, selbstverständlich weiblich: die ruah. Einer freilich war bei der Erleuchtung nicht dabei: der Apostel Paulus. Da er etwas gegen das weibliche Geschlecht hatte, wählte Paulus in seinen Briefen als griechische Übersetzung für die ruah nicht die Σοφία, sondern das πνεῦμα. Die lateinischen Kirchenväter aber wählen für das neutrale griechische Pneuma ein extrem männliches lateinisches Wort: »der Spiritus«, »der Heilige Geist«.

Die göttliche Geschlechtsumwandlung ist perfekt. Aber nur als Dogma im zölibatären Gehirn.

Nicht in der christlichen Seele. Dort bleibt der männlich rationalisierte Spiritus, hinter allen dogmatischen Schleiern, die alte weibliche Weisheit. Er bleibt, urweiblich, die Taube, die am Jordan auf Jesus herabstieg. Urweiblich ist er das Wasser der Taufe. Er ist die Salbe der Firmung. Er ist die Flamme pfingstlicher Begeisterung. Als »Tröstergeist« in allen Kirchenliedern bleibt er jene alte Gottheit, die aus Isaias sprach: »Ich will euch trösten, wie eine Mutter tröstet.«

Eine patriarchalisch verschleierte Göttin. Ein männlicher Geist, der, wie eine barocke Schleppe, lauter Symbole der Weiblichkeit hinter sich herzieht. Ist es ein Wunder, dass der göttliche Zwitter durch die Jahrhunderte die Phantasie all jener magisch fesseln wird, die das katholische Ordnungsgefüge zerstören wollen? Alle Ketzer haben sich, dem Papst zuleide, auf ihn berufen. Die deutschen Mystiker haben ihn, zum Schrecken der Inquisition, in der eigenen Seele erlebt, nicht als den Geist, sondern als »die ewig wysheit«. Zum Schrecken Joseph Ratzingers hat sich die uralte Göttin entschleiert in der Losung der feministischen Theologie: »Ich bin, die ich bin.«

Am schlimmsten treibt es Leonardo Boff. Um sich bei seinem feministischen Anhang anzubiedern, verkündet der brasilianische Theologe einen radikalen Umbau der Allerheiligsten Dreifaltigkeit. Künftig ist, nach Leonardo Boff, der Heilige Geist wieder zu verehren als der weibliche Urgrund der

Gottheit, als Gott Mutter, die sich jedoch, für uns hienieden, in Maria als Göttin »pneumatisiert«.

»Pneumatisiert«. Das Wort ist nicht umsonst so künstlich und so hässlich. Soweit sie nämlich die historische Schwäche der patriarchalischen Dreimänner-Dreifaltigkeit bloßlegt, soweit ist die feministische Theologie ein Stück Aufklärung, ein Schritt heraus aus der »selbstverschuldeten Unmündigkeit«. Mit Leonardo Boffs pneumatisiertem Wortgedrechsel kippt sie aus der Aufklärung in die ideologische Kontraproduktion. Verloren geht dabei das eigentliche Prinzip gesunder Religiosität: »virtus in infirmitate«. In der Rede von Gott ist die Schwäche die Kraft.

Die Schwäche unserer traditionellen Vorstellung vom Heiligen Geist, ihre historische Belastung, ihre Brüchigkeit, das eben ist ihre Stärke. Sie macht uns heute klar, dass alle Bilder von Gott Projektionen des Menschen sind, nicht zu verwechseln mit der Gottheit selbst. Doch es gibt ein besseres Wort als »Projektion«.

»Wir sehen jetzt«, sagt Paulus, »in einen Spiegel rätselhaft, dann aber werden wir sehen von Angesicht zu Angesicht.« Und es wird nicht mehr das alte Spiegelbild eines patriarchalischen Mannes sein, auch nicht das neue Spiegelbild einer selbstverwirklichten Frau, sondern, staunenswert neu und gänzlich anders, Gottes eigenes Gesicht.